세상을 바꾸는 보이지 않는 손

국회의원
보 좌 관

세상을 바꾸는 보이지 않는 손

국회의원 보좌관

윤상은 지음

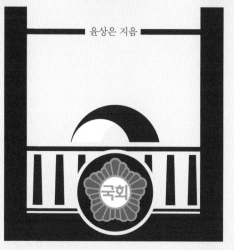

TaLK SHOW

> **"**
>
> 민주주의가 성립하기 위해서
> 우리는 단순 관찰자가 아닌 참여자가 되어야 한다.
> 투표하지 않는 자, 불평할 권리도 없다.
>
> **"**

- 루이스 라모르 -

"

우리가 모두 행동하는 양심이 되자.
우리가 모두 행동하는 양심이 될 때 민주주의는
우리의 것이 될 것이다.

"

- 김대중 -

C·O·N·T·E·N·T·S

C·O·N·T·E·N·T·S

　대한민국은 민주공화국이고, 모든 권력은 국민으로부터 나오는다는 우리나라 헌법 제1조를 잘 알고 계실텐데요. 삼권분립에 의해 입법부, 행정부, 사법부가 권력을 나눠서 서로 견제하면서 국민의 자유와 권리, 기본권을 지키도록 하고 있다는 점도 기억하실 것입니다. 그렇다면, 입법 · 행정 · 사법 중 헌법 제1조 정신을 실천하는 권력기관은 어디일까요? 바로 입법부이고 이를 구성하는 국회의원이라고 할 수 있습니다.

　국민으로부터 선출된 300명의 국회의원은 한 명 한 명이 헌법기관이며, 의정활동과 정치활동으로 국민과 지속적으로 소통하면서 국민의 요구, 즉 국민의 명령을 이해하고 실천하고 있는 공직자인 것이죠.

　그렇다면, 헌법 제1조 정신을 실천하는 국회의원을 보좌하는 보좌진은 무엇일까요? 저는 국회의원 보좌진을 '대한민국을 움직이는 보이지 않는 힘', '만능 엔터테이너', '무엇이든 될 수 있는 줄기세포'라고 규정합니다.

'보이지 않는 손'은 18세기 영국의 경제학자인 애덤 스미스가 그의 저서『국부론』에서 언급한 것인데, 시장경제에서의 가격 메카니즘을 표현한 것입니다. 생산자와 소비자가 최적의 가격으로 서로가 최대의 만족을 이루는 결과에 이르게 되는데, 이를 유지하는 힘이 시장 속의 가격이라는 보이지 않는 손이라는 것이죠. 보좌진은 국회의원의 의정활동을 지원하는 최고의 전문가들로서 입법과 예산, 정책과 현안 등에 있어 국민과 정부, 계층과 지역, 성별과 세대간의 갈등을 해결하고, 미래를 설계하는 역할을 맡고 있습니다. 잘못된 법률을 고치고, 미래산업과 사회의 틀을 마련하고, 정부 예산안을 심의하면서 설계자로서 대한민국의 미래를 그려보기도 합니다. 다만, 지원하되 나설 수 없기 때문에 '보이지 않는' 한계가 있습니다.

국회의원 보좌진은 만능 엔터테이너로 기획, 전략, 홍보, 정책, 정무 등 모든 업무를 다 소화해 내는 막강한 능력자입니다. 국회의원 보좌진은 9명으로 구성되는데, 의정활동과 지역구 활동, 정무 활동까지 뭐든 역할이 주어지면 적극 맡아서 소화해 냅니다. 그렇기 때문에 다양한 경험을 쌓을 수 있고 넓은 네트워크까지 갖추게 되며, 정책뿐만 아니라 소통역량으로 어떤 문제가 닥치더라도 해결해 내는 끈기와 집중력을 갖게 됩니다.

　만능 엔터테이너로 역량을 키운 보좌진은 무엇이든 할 수 있습니다. 보좌진이 최종 목적지가 될 수도 있겠지만, 어디든 갈 수 있는 환승역, 중간 기착지라고 생각합니다. 다양한 직업이나 전공자가 국회 보좌진이 되기도 하지만, 국회 보좌진의 경험으로 국회의원이 되기도 하고 법률가, 기업 임원, 전문연구원, 교수, 행정가, 지방의회 의원 등 다양한 목적지에 도달하기도 합니다. 그렇기 때문에 보좌진은 우리 몸에서 아직 무엇이 될지 결정되지 않았지만 우리 몸을 구성하는 다양한 기관으로 성장할 수 있는 줄기세포와 같다고 할 수 있으며 무궁한 발전 가능성을 갖고 있다고 할 수 있습니다.

국회의원 보좌진은 겉으로 드러나 나설 수는 없기 때문에 그림자 같기도 하지만, 세상을 바꾸고, 미래를 기획하는 정치 분야의 총연출자입니다. 청소년과 청년 여러분이 미래를 설계하는 국회의 역할에 관심을 갖고 적극 참여한다면, 여러분의 미래도 직접 바꿀 수 있을 것입니다. '내가 관여할 일이 아니다, 싸움만 하는 정치가 싫다'는 무관심과 혐오가 아니라 미래세대인 여러분이 직접 정치에 참여하여 여러분의 미래를 더 희망차고 밝게 만들어 보세요. 여러분이 보좌진이 되어서 세상을 움직이고 바꾸기를 기대합니다.

첫인사

편 토크쇼 편집자

윤 윤상은 국회의원 보좌관

편 안녕하세요, 윤상은 국장님. 자기소개 먼저 부탁드려요.

윤 안녕하세요. 현재 더불어민주당 조정식 의원의 보좌관이
면서 더불어민주당 사무총장실 국장으로 일하고 있는 윤상은
입니다. 2002년 8월 1일부터 국회 보좌진 생활을 시작했으니,
따져보면 23년째 국회에 몸 담고 있는 구성원이네요.

편 국회의원 보좌관으로서의 이력을 간략하게 말씀해 주세
요.

윤 2002년 신계륜 의원님 보좌진으로 들어왔어요. 2002년은
대선이 있었던 해예요. 그해 당선된 분이 고(故) 노무현 전 대
통령님이죠. 대선을 치를 때 신계륜 의원님이 캠프 측의 강력
한 요청으로 후보자 비서실장을 맡게 됐어요. 그래서 저도 국
회 입문한 지 얼마 되지 않았는데 대선에 깊이 관련 되어서 역
사에 남을 아주 중요한 대선을 치르게 되었죠. 그리고 2004년
총선이 끝나고 김영주 의원님 보좌진으로 있다가 2008년부터
약 2년 동안 전혜숙 의원실에서 근무했어요. 그리고 2009년
조정식 의원님을 만나 그때부터 지금까지 의원님 보좌관으로
일하고 있습니다.

편 23년 동안 계속 국회의원 보좌진으로 있으신 거네요?

⊙ 2002년 신계륜의원실 보좌진으로 국회업무 시작

⊙ 2020년 21대 총선 승리 후 보좌진과 자원봉사자 단체사진

 그건 아니에요. 2021년 10월부터 약 10개월 정도 문재인 정부 청와대 행정관으로 있었고, 경기도청에서도 2022년 8월부터 약 3개월간 일을 했어요. 국회의원 보좌진은 4급에서 9급까지, 그리고 인턴까지 있는데, 이 사람들이 한 명의 국회의원에 소속되어 계속 있는 건 아니에요. 국회는 국회의원 총선거를 치르는데 4년마다 당선자 숫자에 따라 제1당, 제2당 등 순

⊙ 청와대 행정관으로 근무를 마치고 난 후 문재인 전 대통령님과 함께

서가 바뀌기도 하고, 대통령 선거 결과에 따라 대통령과 정당이 같은 여당과 여당 외 정당인 야당으로 입지가 달라지기도 합니다. 예를 들어 대통령선거를 통해 모시고 있는 국회의원의 정당이 여당이 되고, 여당 국회의원이 되었다면 보좌진도 여당 보좌진이 되는 거죠. 이때 보좌진 중에서 경력과 업무역량, 대선에서의 역할 등에 따라서 새로 구성되는 대통령실이나 정부에 가서 행정관이나 장관 보좌관 등으로 일하는 거죠. 저도 그런 기회가 있어서 10개월간 문재인정부의 청와대에서 전 부처의 공보업무와 홍보 업무를 맡았다가 다시 국회로 돌아왔어요.

편 말씀을 듣고 보니 국회의원은 4년마다 선거 결과에 따라 낙선할 수도 있기 때문에 한 분의 국회의원과 수십 년을 함께 일하는 것은 불가능에 가까운 일인 것 같아요.

⊙ 대통령포상(훈장)인 근정포장 수여의 영광을 얻음

⊙ 청와대 국민소통수석실 행정관으로 근무

세상을 바꾸는 보이지 않는 손
국회의원 보좌관

🇾 그렇죠. 하지만 보좌진은 다른 국회의원 사무실에 다시 채용될 경우 보좌진으로 계속 일을 할 수 있어요. 국회는 4년마다 총선을 하고 나면 국회의원 구성과 보좌진 구성 등이 바뀌어요. 5선, 6선 해서 꽤 오랜 시간 국회의원의 신분을 유지한 분들도 있지만 낙선해서 떠나는 국회의원들과 새로 국회의원이 되는 분들이 계시죠. 총선에서 이겨서 다시 국회의원이 되어 신분을 계속 유지하는 의원실은 보좌진이 그대로 유지되기도 하고, 낙선한 의원실의 보좌진은 새 의원실에 채용되기도 해요. 또 지방자치단체장선거나 대통령선거 결과에 따라 지자체나 대통령실의 행정관으로 갈 수도 있어요. 국회를 떠났다가도 저처럼 다시 돌아올 수도 있고요.

🇵 어떻게 보면 자유롭게 이동할 수 있는 직업이고, 다른 분야로 진출할 수 있는 기회가 많은 직업인데요. 어떤 점이 마음에 꼭 들어서 국회로 다시 돌아오셨는지 궁금해요.

🇾 여러분도 삼권분립이라는 말을 들어봤을 거예요. 국가권력은 입법, 사법, 행정으로 나뉘어 있어요. 국가권력이 한 곳으로 집중되어 남용되는 것을 방지하기 위한 통치원리이죠. 국회는 그중에 입법기관이에요. 국회의원이 법안을 만들어 상정·심의하고 국회에서 통과하면 그게 곧 법이 되는 거예요. 법을

만든다는 것은 미래를 준비하고 설계하는 일이에요. 법을 만들 때 보좌진들의 역할이 굉장히 크게 작용해요. 첫째, 현재와 과거에 발생한 문제를 해결하는 법안을 만들어요. 문제의 실태를 조사하고, 각종 자료를 검토하고, 문제를 해결할 수 있는 법안을 작성하는 과정이 다 보좌진이 하는 일이에요. 둘째는 새로운 산업이나 기술에 대한 육성 방향을 설정하기도 하고, 앞으로 발생할 사회문제에 대해 미리 계획하고 대처하는 법안을 만들기도 하죠. 저는 이 모든 과정이 참 매력적이라고 생각해요. 해결 방법을 찾는 것도 미래를 계획하는 것도 모두 텅 빈 도화지에 자신이 밑그림을 그려나가는 일과 같거든요. 정해진 답이 없이 자신의 생각을 하나씩 실체화시키는 일이죠. 미래를 설계하는 입법을 하는 거잖아요. 또한 입법이 되면 국가의 예산이나 인력 배분에도 영향을 끼치게 되죠.

자신이 생각하는 많은 일에 대해 기존에 없던 법을 새로 만들거나, 기존에 있는 법을 개정해서 바로 행정과 사법 시스템에 적용시킬 수 있다는 매력이 있어요. 입법을 통해 바뀐 제도와 문제해결 등의 성과를 직접 볼 수 있는 직업이나 업무가 얼마나 있겠어요. 그것도 사회적인 변화를 일으키는 것이고, 이것이 대한민국 테두리 안에 있는 모두에게 적용되며, 그 법이 개정되기 전까지 언제까지나 그 규정이 기준이 되는 일이요.

그만큼 중요하고 책임도 따르는 일이기 때문에 더욱 매력적인 것이라서 지금 여기까지 온 것 같아요.

편 성취감이 큰 직업인 것 같아요. 진로를 고민하는 청소년 들에게 이 직업을 프러포즈하는 이유를 말씀해주세요.

윤 저는 국회 인턴과정에 있거나 보좌진으로 일하고 있는 초년생들을 대상으로 교육할 때마다 늘 하는 얘기가 있어요. 이 직업은 주체성이 있으면 참 좋은 직업이다, 자기가 사회의 변화를 일으키고 싶다, 사회에 기여할 수 있는 일을 하고 싶다고 마음먹은 사람이면 이 일을 통해 충분히 자신의 역량을 발휘할 수 있다고요. 특히 미래를 준비하면서 어떤 것을 만들고 싶고, 바꾸고 싶고, 더 좋은 미래에 대한 구상이 있다면 여기 와서 일을 하면 됩니다. 그만큼 여기는 무궁무진한 상상력을 펼칠 수 있고, 자기가 하고 싶은 그림을 마음껏 그릴 수 있어요.

편 한 가지 궁금한 게 있어요. 이야기를 듣다 보니 어떤 때는 보좌관이라고 하시고, 어떤 때는 보좌진이라고 하시는데 그 이유가 있나요?

윤 보좌진은 국회의원을 보좌하는 9명을 통틀어 지칭하는 말이에요. 뒤에서 구체적으로 이야기하겠지만 9명의 보좌진은 직급에 따라 명칭이 다른데 4급 보좌진이 보좌관이에요. 보좌관이라는 명칭이 많이 알려져 있어서 보좌진을 모두 보좌관으로 알고 있는 사람들이 많아요. 정확하게는 보좌진 안에 보좌관이라는 직급이 있는 거예요. 그래서 제가 보좌관이라고 말할 때는 저를 비롯한 4급 보좌진이 하는 일에 초점이 있고, 보좌진이라고 말할 때는 보좌관을 비롯한 9명 전부를 지칭하는 거라고 생각하면 되겠어요.

편 아, 그런 거였군요. 보좌관을 비롯한 보좌진이라는 직업은 사회에 관심이 많고, 미래를 이끌어가고 싶은 청소년이 마땅히 관심을 가지고 주목할 만한 일이라는 생각이 듭니다. 구체적으로 어떻게 세상을 바꾸는 일에 관여하는지는 책 속에서 확인할 수 있을 거예요. 그럼 이제 『세상을 바꾸는 보이지 않는 손 국회의원 보좌관』편을 시작하겠습니다.

국회, 국회의원,
그리고 보좌관

국회는 어떤 기관인가요

📝 국회의원 보좌관이라는 직업을 탐색하려면 국회와 국회 의원에 관한 배경지식이 있어야 할 것 같아요. 그런 의미에서 먼저 국회는 어떤 기관인지 말씀해 주세요.

🧑 앞에서 잠깐 얘기했는데 현대 민주국가는 삼권분립을 통해 권력이 작동해요. 권력이 한 곳에 집중되어 있으면 권력 남용의 문제가 발생해 국민의 기본권, 자유와 권리를 침해할 수 있기 때문에 세 개의 권력기관이 각각 고유의 역할을 하면서 서로를 견제하는 시스템이에요. 삼권, 즉 세 권력기관은 입법부, 사법부, 행정부를 말해요.

그중 입법부는 국회인데요. 국회의 주요 업무는 우리 사회의 규범인 법을 만들거나 고치는 일을 해요. 또한 대통령과 정부가 하는 일을 감시하고, 대법원장이나 대법관 등의 임명에 동의하는 방식으로 행정부와 사법부를 견제하죠. 사법부는 대법원, 고등법원, 지방법원을 비롯한 여러 법원 조직이에요. 법률을 근거로 위법행위 등에 대해 심판하는 권한을 가지고 있죠. 사법부는 입법부가 만든 법률과 행정부의 명령과 규칙 등이 법을 위반하고 있는지 판단하고 심판하는 것으로 두 기관을 견제하죠. 행정부는 나라 살림을 맡은 기관으로 대통령과 국무총리, 그리고 행정 각부의 장관 등으로 구성된 정부를 말해요. 입법부의 법률을 거부하거나 대법원장을 임명하는 권한을 통해 입법부와 사법부를 견제하는 역할을 하고 있어요.

세 기관이 맡은 역할이 다르다는 것을 이제 아셨을 거예요. 그런데 이것은 교과서적인 이해이고요. 저는 이 세 기관의 역할을 과거와 현재, 미래로 구분합니다. 사법부는 과거의 행위에 대한 평가와 심판을 해요. 과거 누군가 행한 행위가 죄인지 아닌지 판단하고 그에 따라 죄를 묻거나 보상을 판결하죠. 실제로 있었던 사실만 가지고 옳고 그름을 결정하고 입법부인

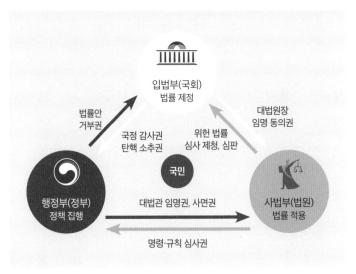

⊙ 삼권분립

국회가 만든 법의 규정 안에서 판결하는 거예요. 과거 판례를 찾아보고 그 안에서 적극적으로 해석하냐 소극적으로 해석하냐의 차이는 있을 수 있지만 정해진 법의 틀 안에서 행해지는 것이기 때문에 그 범위를 벗어날 수는 없어요. 그래서 과거에 초점이 있는 거죠. 남의 물건을 훔쳤다면, 그 범죄를 확인하고, 피해 정도를 평가해서 법에서 정해진 바에 따라 심판을 하는 것이 사법부라고 할 수 있죠.

편 그럼 행정부는요?

윤 행정부는 입법부에서 정해준 예산과 법률 내에서 구체적인 집행방안과 절차를 정해서 현실에 집행하는 기관이에요. 그러니까 현재라는 시간에 초점이 맞춰져 있다고 볼 수 있는 기관이에요. 예를 들면 도시나 도로를 개발하기 위해 법에서 정해진 절차와 국회에서 배분한 예산에 따라 토지를 매수하고 개발행위를 진행하는 것 등이 행정부의 일입니다.

그에 비해 입법부, 즉 국회는 법과 예산이라는 큰 틀을 규정하고 정해주는 일을 하는 기관이기 때문에 미래를 계획하고 준비한다고 할 수 있죠. 미래를 기획하기 위해서 과거와 현재의 상황을 반영하기는 하지만 미래의 방향과 목표를 설정해야 하기 때문에 다양한 상황을 예측해야 하고 상상력을 발휘해야 하죠. 앞으로 대한민국이 세계적인 경쟁력을 갖고 미래 먹거리 산업으로 반도체 분야를 선정했다면 이를 지원하기 위한 법률을 만들거나 개정하고, 정부의 예산 규모를 정해주는 것이지요. 모든 학생이 차별 없이 배울 수 있도록 무상급식이나 무상교육과 관련한 제도와 법률을 만들고, 정부예산을 확정하는 것 등도 국회의 일입니다.

국회의원은 무슨 일을 하나요

편 국회의원은 무슨 일을 하나요?

윤 입법부의 구성원은 300명의 국회의원이에요. 의원 한 명한 명이 헌법기관으로서 모두 법안을 만들고 개정할 수 있는 권한이 있어요. 행정부의 예산을 심의하고, 국정감사를 통해 행정집행에 대해 감사를 하기도 합니다. 또한 행정부와 사법부의 주요 인사들, 예를 들면 국무총리와 장관들, 대법원장과 대법관, 헌법재판소장 등에 대해 여러분이 방송이나 뉴스에서 보는 청문회라는 것도 합니다. 그런데 국회의원들께서 이와 같은 많은 일들을 혼자 할 수는 없어요. 그래서 국회의원실에 보좌관을 비롯한 보좌진이 있는 거예요. 보좌진은 국회의원 의정활동의 모든 과정에 참여해요. 예를 들어 법을 개정할 때 국회의원께서 직접 개정하라는 지시도 하지만, 새로운 법안을 만들었으면 좋겠다고 보좌진이 의견을 내기도 해요. 의원님과 보좌진은 다양한 네트워크와 지식 등을 통해 의견을 수렴해, 타당하다는 결론이 나게 되면 법안 개정을 추진하게 되죠. 그러면 현장조사와 자료조사, 정부에게 자료제출 요구도 해서 개정하려는 법률로 인해 어떤 문제가 있고, 이를 해소하기 위해 새로운 법이나 규정을 만들어야 한다는 결론을 내죠.

그 결과물, 즉 개선방안을 국회의원이 법률안으로 발의하고, 국회에서 심의하고 통과되면 행정부를 통해 현실에 적용됩니다. 물론, 행정부 수반인 대통령이 거부한다면 국회에서 다시 표결해야 하는 절차도 있죠.

정부의 예산안을 심사하는 것도 마찬가지죠. 정부에서 다음 연도 정부 예산안을 편성해서 국회에 '심의해 주세요' 하고 요청합니다. 그러면 국회의원은 여러 예산 중에서 특히 '무상급식 예산에 대해 학생들에게 보다 좋은 급식을 해야 한다'고 국민에게 공약을 했다면 보좌진과 함께 예산편성이 잘되었는지 면밀하게 검토하죠. 만약 예산이 부족하거나 엉뚱한 부분에 편성되었다면 예산심사과정에서 그 문제점을 지적하고 편성된 예산을 조정하는 과정을 거쳐 학생들의 급식예산이 확정되는 것입니다.

인사청문회는 학생 여러분도 TV 방송을 통해 많이 봤을 거예요. 인사청문을 받는 사람은 많은 권한을 갖게 되기 때문에 그에 부합하는 전문성이 있는지, 국민으로부터 지탄받을 도덕적인 문제점은 없는지 등을 확인하는 절차입니다. 국민이 직접 선출하는 선출직이 아닌 임명직에 대해 그 사람이 어떤지 국민의 알권리를 충족시키는 것뿐만 아니라 이를 통해 행정부와 사법부 등에 대해 입법부인 국회가 견제하는 기능도 갖고 있어요. 특히 국무총리나 대법원장 및 대법관, 헌법재판소장, 감사원장과 같은 최고위직에 대해서는 국회의 동의권이 있기 때문에 국회 표결(투표)에서 부결될 경우 임명할 수 없어요. 보좌진은 인사청문회의 실무를 준비하고, 질의서와 보도자료를 작성하는데요. 공직후보자로 적절하지 않은 후보에 대해서는 집중적으로 문제제기를 하고, 보도자료를 언론에 제공함으로써 후보자를 낙마시킬 수도 있습니다. 이명박정부 초기 장관들을 임명하는 인사청문회에서는 후보자들이 자녀들을 좋은 학교에 보내기 위해 위장전입을 하거나 땅투기 등을 했다는 의혹과 문제점을 제기하면 후보자들이 중간에 낙마하는 경우가 많았어요. 최근 들어서는 논문표절과 아파트 투기, 병역 회피, 세금 누락을 해도 국회 동의가 필요 없는 국무위원들의 경우 국회의 문제제기에도 불구하고 대부분의 후보들에 대해 대통령이 임명을 강행하는 경우가 다반사여서 인사청문회의 효용성에 의문이 제기되기도 합니다.

편 국회에 상정되는 법안이 굉장히 많은 것으로 알고 있어요. 이렇게 많은 법안을 모든 국회의원이 다 검토하려면 너무 어려울 것 같아요.

윤 매년 12월에 TV나 신문에서 '국회 본회의 1분에 법안 하

⊕ 국회 국토교통위원장의 회의 진행 전 안건 관련 사전 보고

나꼴 땅땅땅'과 같은 기사를 보았을 거예요. 국회를 비꼬기 위해서 언론이 의도적으로 제목을 선정하는 것인데요. 언론의 기능이 비판에 있다고는 하지만 국민들에게 오해를 불러일으키는 언론의 행태도 문제입니다. 사실 300명이 모이는 국회 본회의에서 법률 개정안에 관해 검토하고 토의하는 것은 현실적으로 불가능해요. 그래서 우리나라는 상임위원회 제도를 두고 있어요. 국회에는 18개의 상임위원회가 있고, 각 상임위원회에서 법안과 예산, 현안 등과 같은 안건을 실질적으로 심사하고 본회의는 상임위원회 표결을 거친 안건을 최종 결정하는

◉ 출처: 국회사무처

거예요. 본회의에서 법률안을 심사하기 전 법제사법위원회에서 법률안의 체계나 표현이 잘못되었거나 다른 법률과 충돌하는지를 심사하는 과정이 있기 때문에 본회의에서의 표결은 절차상의 과정입니다. 다만, 최근 들어서 법제사법위원회가 본래의 권한을 벗어나서 각 상임위원회에서 결정된 법률안에 대해 정치적 유불리에 따라 의도적으로 심사를 지연하거나 거부하는 사태가 발생하고 있어요. 제때 법률이 통과되어 집행되지 않기 때문에 결국 피해를 보는 것은 국민이고, 경제적 사회적 문제가 더욱 커지기도 합니다.

국회 상임위원회는 어떤 곳인가요

편 국회 상임위원회는 어떤 곳인가요?

윤 국회 상임위원회는 행정부 각 부처 소관에 따라 국회 내에서 구성되어 소관 부처 안건을 본회의에 상정하기 전에 미리 심사하는 위원회를 말해요. 국회에는 국회운영위원회, 법제사법위원회, 정무위원회, 기획재정위원회, 교육위원회, 과학기술정보방송통신위원회, 외교통일위원회, 국방위원회, 행정안전위원회, 문화체육관광위원회, 농림축산식품해양수산위원회, 산업통상자원중소벤처기업위원회, 보건복지위원회, 환경노동위원회, 국토교통위원회, 정보위원회, 여성가족위원회, 예산결산특별위원회, 이렇게 총 18개의 상임위원회가 있어요.

국회의원은 이 18개 중 하나 이상의 상임위원회에 속해 활동하게 됩니다. 상임위원회는 본회의에서 안건을 심의하기 전에 미리 심사하거나 그 소관에 속하는 의안을 입안하는 국회의 합의제 기관이에요. 상임위원회의 역할은 본회의 전 예비적 심사기관으로서 회부된 안건을 심사하고 그 결과를 본회의에 보고하여 국회의원들에게 판단 자료를 제공하는 데 있어요. 따라서 상임위원회의 의결은 본회의 심의 전에 행해질 필요가 있으나, 상임위원회에서 의결이 되었다고 해서 본회의에서도 반드시 상임위원회의 결정과 똑같이 의결할 의무가 있는 것은 아닙니다. 상임위원회를 통과한 안건이라고 하더라도 본회의에서 부결될 수도 있어요.

편 보좌진도 상임위원회 활동을 함께 하겠네요?

윤 모든 국회의원은 하나 이상의 상임위원회에 소속되어 있다가 안건이 상정되면 위원회를 열어 안건을 심사하죠. 상임위원회는 회부된 안건만 심사하는 것은 아니에요. 각 상임위원회에 속하는 사항에 관해 법률안을 스스로 입안하여 제출할 수도 있어요. 상임위원회에 안건이 입안되거나, 또는 법률안을 새로 입안하는 일을 할 때 국회의원 보좌진은 의원님이 하는 일을 함께 수행해요. 새로운 법률안에 대해 아이디어도 내고, 아이디어가 법률안이 되도록 입법자료를 찾아 공부하고, 법률안의 문장을 만드는 일 모두를 포함해서요.

편 상임위원회 활동에 대해 구체적으로 알려주세요.

윤 저의 의원님이 국토교통위원회 위원장을 하셨었고, 저는 위원장실 업무를 총괄했었어요. 국토교통부를 대상으로 하는 국토교통위원회로 예를 들어볼게요. 국회법에는 연간 국회 운영 기본일정을 정하도록 되어 있고, 2월 · 3월 · 4월 · 5월 · 6

월의 1일, 8월 16일에 임시회를 열고, 9월 1일부터 100일간 정기회를 열어야 해요. 그러나 여당과 야당이 합의한다면, 1월이나 7월에도 임시회를 열 수 있기 때문에 1년 내내 국회가 열릴 수도 있죠. 최근에는 매달 국회가 열리고 있어요. 그러니까 법에 정해진 것보다 더 많이 일을 하고 있는 것이죠. 그렇기 때문에 언론에서 '놀고 있는 국회', '잠자는 법안'이라고 비판하는 것은 잘못된 것이라고 할 수 있죠.

상임위원회는 거의 매달 열려요. 상임위원회 활동은 첫째, 소관 부처와 산하 · 소속기관의 업무가 잘 수행되는지, 현안에 대해서는 잘 대처하고 있는지 상시적으로 점검하고, 둘째, 부처와 관련한 법안을 상정하고 심의하여 본회의로 회부하는 일을 합니다. 셋째, 정기국회가 시작되는 매년 9월에는 국정감사를 실시하는데, 일년 중 가장 큰 일이면서 가장 바쁜 기간이기도 해요. 국정감사는 행정부에 대해 입법부가 수행하는 행정감사로서 정부를 견제하는 중요한 수단이며, 각 상임위원회 단위로 이루어져요. 넷째, 국정감사가 마무리되는 10월 경에는 다음 연도의 예산을 심의하여 예산결산특별위원회로 회부해야 해요. 또한 정부가 집행한 예산에 대해 매년 8월에는 결산도 해야 합니다.

일반적으로 임시회나 정기회, 예산이나 결산심사 등의 일정

2023년도 국회운영기본일정 개관

구 분		주요활동		비고
월별	집회일 (회기)	본회의	위원회	
1월			법률안 등 안건심사	※정부 입법계획 제출시한: 1.31.(화)
2월 (임시회)	2.1.(수) (28일간)	1. 교섭단체대표연설 2. 대정부질문 3. 법률안 등 안건심의	법률안 등 안건심사	
3월 (임시회)	3.2.(목) (30일간)	1. 법률안 등 안건심의	법률안 등 안건심사	
4월 (임시회)	4.1.(토) (30일간)	1. 대정부질문 2. 법률안 등 안건심의	법률안 등 안건심사	※국회의원 재·보궐선거일: 4.5.(수)
5월 (임시회)	5.1.(월) (30일간)	1. 법률안 등 안건심의	법률안 등 안건심사	※결산 제출·의결시한 - 제출시한: 5.31.(수) - 의결시한: 정기회 전
6월 (임시회)	6.1.(목) (30일간)	1. 대정부질문 2. 법률안 등 안건심의	법률안 등 안건심사	
7월			법률안 및 결산 등 안건심사	
8월 (임시회)	8.16.(수) (16일간)	1. 결산 등 심의 2. 법률안 등 안건심의	법률안 및 결산 등 안건심사	※결산 심의기한 - 정기회 개회 전까지 심의·의결 완료
9월~ 12월 (정기회)	9.1.(금) (100일간)	1. 교섭단체대표연설 2. 대정부질문 3. 예산안 시정연설 4. 예산안 및 기금운용 계획안 등 심의 5. 법률안 등 안건심의	법률안 및 예산안 등 안건심사	※예산안 제출·의결시한 - 제출시한: 9.3.(일) - 의결시한: 12.2.(토)

※ 국정감사 실시 시기: 매년 정기회 집회일 이전에 30일 이내의 기간을 정하여 실시. 다만, 본회의 의결로 정기회 기간 중에 실시 가능 (「국정감사 및 조사에 관한 법률」 제2조제1항)   출처: 대한민국 국회

이 확정되면 부처에서는 업무보고와 현안 및 법안검토의견 자료를 국회에 제출하고, 각 의원실에서 보좌진이 사전에 면밀하게 검토해요. 문제가 발견되면 자료 요구도 하고, 부처의 담당자를 불러 질의해서 답변도 받고, 발견된 문제를 지적하고 고치도록 하죠. 보좌진은 이와 같이 자료를 수집하고, 검토해서 국회의원에게 보고합니다. 이후 국회의원은 상임위원회에 출석하여 부처의 장관과 기관장에게 문제점을 질의하고 답변을 듣는 과정을 통해 문제점을 개선하게 됩니다. 물론 보좌진은 수천, 수만 명의 행정부 공무원들이 수행하고 있는 업무를 제대로 파악해야 하고, 그중에서 문제점을 찾고, 이를 지적하는 논리와 근거를 만들어서 행정부가 잘못을 인정하고 개선하게 만드는 슈퍼맨의 능력을 발휘해야 하죠.

편 상임위원회에서 법률안은 어떻게 심사하고 통과시키나요?

윤 일반적으로 국토교통위원회에는 30명의 여당과 야당의 국회의원이 소속되어 있는데, 전원이 참여하는 전체회의가 있어요. 법안심사의 첫 단계는 전체회의인데요. 국토교통위원회 의원 전체가 참석하는 전체회의에 법안을 상정하고 찬반의견을 나누며 토론하고, 심사방안을 논의하죠. 다음 단계로, 전체회의를 통과한 법안은 전문 분야에 따라 법안심사소위원회로 넘겨서 좀 더 면밀하게 검토하게 됩니다. 전문적으로는 '축조심사'라고 하는데, 법안의 문구, 글자 하나하나까지 꼼꼼하게 심사한답니다.

국토교통위원회에는 국토계획이나 도시 및 주택을 다루는 국토법안심사소위원회가 있고, 철도나 도로 및 항공 등을 다루는 교통법안심사소위원회로 나누어 법안을 검토해요. 약 10명 정도의 의원님들이 소위원회에 모여서 법안을 심사하는데요. 이때는 국회 국토교통위원회 소속 공무원인 전문위원과 입법조사관 들이 법체계에 맞는지 안 맞는지, 현실적으로 가능한지 아닌지 등을 검토해서 보고서를 만들어요. 전체회의에서 제시되었던 의원님들의 찬반의견이나 토론내용과 전문위원들의 검토보고서를 놓고 소관 부처의 차관이나 관계기관장의 의견을 청취하죠. 법안을 제출한 주체가 국회의원도 있지만 행정부일 때도 있는데, 두 경우 모두 법안을 집행해야 하는 행정부의 의견을 듣는 과정이 법안심사소위 회의입니다. 이때 행정부, 즉 국토교통부에서는 현실적으로 개정안이 실행되기 어렵다거나, 어떤 법안은 좋은 것 같으니 빨리 통과해 달라거나 하는 의견을 내죠. 이 과정에서 법안에 대한 의견이 모아지면 법률로서 문장을 완성시키는 과정을 거치게 됩니다. 소위원회에서 법률안이 확정되어 통과되면 다시 국토교통위원회 전체회의 안건으로 상정해요. 전체회의에서는 소위원회의에서 통과시킨 법률을 다시 심사하고, 소위원회에서 심사한 의견을 존중해서 의결하고 통과시키게 됩니다. 다만, 이견이 있을 경우에는 통과시키지 않고 계속심사를 할 경우도 있어요.

편 법률이 상임위원회를 통과하면 곧바로 법으로서 효력이 발생하는 건가요?

윤 상임위원회에서 법률이 통과되었다고 모두 법이 되는 것은 아닙니다. 이후 법제사법위원회의 심사를 거쳐, 국회 본회의를 통과하고 행정부로 이송되어 최종적으로 공표되어야만 법률로서 효력을 갖게 됩니다.

상임위원회에서 통과된 법률은 본회의에서 300명의 국회의원들이 심사·의결하기 전에 법제사법위원회(이하 법사위)의 체계자구심사를 거쳐야 해요. 법사위는 전체회의를 열어 법률안이 다른 법과 충돌하는지, 자구의 문제는 없는지 검토하고 심사합니다. 여기서 의결되어야만 국회 본회에 상정됩니다. 본회의에서는 해당 법안의 소관 상임위원회의 심사보고 및 제안 설명이 있은 후 의원들의 질의와 토론을 마치고 표결을 거쳐 법률안이 최종적으로 통과되죠.

본회의에는 국토교통위원회의 법률안뿐만 아니라 다른 상임위원회에서 제출한 법률안까지 여러 법안을 의결하는데요. 앞에서 설명한 대로 이미 여러 단계를 거쳐 검토하고 심사한 법률안들이라서 본회의에서 심사를 따로 하지는 않아요. 간혹 쟁점이 되는 법률안의 경우 찬반 토론을 거치기도 해요. 이런 경우 표결 결과 부결되면 그 법안은 그 회기 중에 다시 상정할 수 없게 돼요.

행정부 견제는 어떻게 하나요

편 국회의 중요한 역할 중 하나가 행정부를 견제하는 일이라고 하셨어요. 왜 국회는 행정부를 견제하는 건가요?

윤 먼저, 삼권분립에 대해 이해를 해야 하는데요. 국가권력을 입법, 행정, 사법의 세 개로 나누어 각각 독립성을 유지하면서 서로를 견제하게 함으로써 권력의 균형을 이루려는 것이고, 궁극적인 목적은 권력의 집중과 남용을 막고 국민의 기본권과 민주주의를 지키기 위한 정치원리입니다.

입법부인 국회는 법률을 새로 만들거나 고치는 일과 국가예산을 확정하는 일을 하고, 사법부는 법률에 근거해서 위법 여부를 심판하고 법률이 제대로 만들어졌는지 해석하는 곳이에요. 행정부는 법률과 예산을 가지고 국가를 운영하고 관리하는 역할을 맡아요.

국회에서 대통령을 배출한 정당을 여당, 나머지 정당을 야당이라고 하는데요. 입법부인 국회는 여당과 야당의 의석수가 얼마나 많고 적은지에 따라 다양한 방법으로 행정부인 정부를 견제하게 됩니다. 다수결 원칙에 따라 운영되는 국회의 특성상 여당과 야당의 의석수가 비슷할 경우 의결되고 결정되는 것이 많지 않은 반면, 여야의 의석수 차이가 커서 야당이 재적

의원의 1/2이나 2/3 보다 많을 경우 행정부를 제대로 견제할
수 있습니다.

🔵편 입법부는 어떻게 행정부를 견제하나요?

🔵윤 입법부인 국회가 행정부인 정부를 견제하는 방법은 여러
가지가 있어요. 크게 인사와 관련해서는 대통령에 대한 탄핵
소추권(재적 의원 2/3 찬성), 국무총리에 대한 임명동의권(재
적 의원 1/2 찬성)과 국무위원 등에 대한 검증(청문회), 국무
총리와 국무위원에 대한 해임건의권(재적 의원 1/2 찬성) 등

탄핵(彈劾, impeachment)
일반적인 사법절차로는 형사사건의 재판을 받게 하거나 처벌이 어
려운 정부의 고위공무원이나 신분이 보장되어 있는 법관이나 검사
등에 대하여 입법부인 국회가 헌법과 법률이 정한 절차에 따라 재
판을 요구하여 처벌하거나 파면하는 제도.
국회로부터 탄핵소추가 의결된 자는 헌법재판소가 탄핵결정을 할
때까지 권한이 정지되고, 대통령 등 임명권자는 피소추자의 사직원
을 접수하거나 해임할 수 없음.
헌법재판소에 의해 탄핵이 결정되면 피소추자는 공직으로부터 파
면되고, 민사상·형사상의 책임도 갖게 됨. 또한, 탄핵결정을 받은
자는 선고일로부터 5년 이내에 공무원이 될 수 없음.

이 있고, 행정업무에 대해서는 국정감사와 국정조사권, 정부 예산에 대한 심의 및 결산권, 조약체결 및 비준에 대한 동의권 등을 통해 행정부를 견제합니다.

행정부 구성원에 대한 견제로 대통령과 국무위원, 장관 탄핵안을 발의할 수 있어요. 국회에서 발의된 탄핵안은 헌법재판소에서 심판절차를 걸쳐 결정하게 됩니다. 대통령 탄핵은 매우 엄중한 사안으로 2016년 박근혜 전 대통령이 탄핵결정된 것이 우리 역사상 첫 대통령 탄핵사건이 되었어요. 총리나 국무위원에 대한 탄핵도 가능한데, 이태원역 참사의 부실대응에 책임을 물어 당시 이상민 행정안전부 장관에 대해 현행 헌법 이래 최초의 국무위원 탄핵소추가 이뤄졌으나, 헌법재판소에서 탄핵심판이 기각되었죠.

국회는 대통령에게 국무위원에 대해 해임건의도 할 수 있는데요. 대통령은 건의를 받되 해임시킬 의무는 없지만 정치적으로는 상당한 영향력을 끼칠 수 있어요. 행정부 서열 2위인 국무총리에 대해서는 일반 국무위원보다 더 강하게 견제해요. 인사청문회를 이틀이나 하고, 국회에서 동의해야만 취임이 가능하죠. 야당이 재적 의원 과반을 넘을 경우 국무총리 임명 동의에 반대해서 임명을 막을 수도 있습니다. 또한, 2023년 7월에 해병대 채상병 사망사건에 대한 외압 의혹에 대해 국회에

⊙ 재보궐선거 지원유세. 재보궐선거는 행정부에 대한 평가와 견재가 이뤄지는 주요한 정치과정임.

⊙ 국무위원 해임건의안 발의

⊙ 순직해병 수사 방해 및 사건은폐 등의 진상규명을 위한 특별검사의 임명에 관한 법률안 국회 통과

세상을 바꾸는 보이지 않는 손
국회의원 보좌관

서 특별검사 임명을 추진했는데요. 입법부는 행정부나 사법부의 행위에 문제가 있다고 검토되면 특별검사를 임명하여 수사를 할 수 있는 권한으로 행정부 등을 견제할 수 있습니다.

편 예산심사와 국정감사도 행정부를 견제하기 위한 것인가요?

윤 국회가 행정부에서 편성한 예산에 대해 심의하는 일도 중요해요. 국가의 예산을 편성하는 일은 행정부의 역할이고, 국회는 정기국회 기간 동안 이를 심의하고 통과시키게 됩니다. 이때 정부 예산을 깎기도 하고 일부 늘리기도 하면서 정부 예산을 견제하게 되죠.

국회는 행정부의 각 부처별로 견제하기 위해 상임위원회라는 단위를 만들어서 각 분야별로 견제를 하죠. 예를 들면 국토교통부에 대해서는 국토교통위원회, 교육부에 대해서는 교육위원회, 환경부와 노동부에 대해서는 환경노동위원회를 두어서 각각의 부처를 견제해요. 국토교통위원회는 국토교통부가 어떤 제도를 만들었다면 제대로 만들었는지, 예산을 집행했다면 제대로 집행되었는지 살펴보는 거예요. 양평고속도로 노선에 대한 사회적 문제가 발생했을 때 국토교통위원회에서 국토교통부 장관을 출석시켜서 질문과 답변의 과정을 거치면서 문제를 제기하고 대책을 요구하게 됩니다. 이때 국회의원께서 각 부처에 대해 문제점을 제기하고 장관에게 질의할 내용을 만들고 정리하는 일을 보좌진이 하게 되죠.

국정감사는 매년 9월 정기국회 때 지난 1년간 정부가 했던 일들에 대해 감사를 하는 거예요. 이때 국정감사에서 답변하는 사람들을 증인이라고 하는데, 각 부처의 장관과 차관, 국장들뿐만 아니라 위원회에서 결정하는 일반인들도 증인이 됩니다. 국정감사 때 대기업의 회장이나 임원을 TV에서 봤을 텐데요. 일반인 증인으로 출석한 것이며, 법률을 위반하여 회사를 경영한 것으로 의심될 경우 국정감사 회의에 출석시켜 증인 선서를 하고 답변하는 거예요. 국정감사에 증인으로 출석하여 잘못이 확인될 경우 처벌도 받고, 거짓말로 답변해도 처벌을 받게 됩니다.

행정부도 법안을 발의할 수 있나요

편 행정부에서도 법안을 발의할 수 있다고 하던데요?

윤 우리 법체계에서는 국회의원과 행정부가 법안을 발의할 수 있어요. 그런데 법안을 발의하는 절차는 확연히 다릅니다. 행정부에서 법안을 발의하려면 여러 단계의 절차를 거쳐야 해서 시간이 오래 걸리는데, 그중에서도 빠른 경로에 속하는 예를 한번 들어볼게요. 행정고시에 합격한 5급 사무관이 있다고 해봐요. 법을 집행하다 보니 어떤 문제점이 발견돼서 법을 바꾸고 싶어요. 그러면 부서의 과장님에게 법 개정을 제안하고, 승인을 받아야 해요. 개정안을 마련하면 그다음엔 국장, 차관을 거쳐 부처의 최고 상관인 장관의 결제를 받게 됩니다. 이후 행정부 전체를 총괄하여 법률의 제정과 개정을 담당하는 법제처에서 심사하면서 다른 모든 부처의 의견까지 수렴해서 다른 부처의 법과 충돌하는 것은 없는지 등을 살펴보죠. 문제가 없다고 판명이 나면 대통령이 주재하는 국무회의에서 대통령이 법률 개정안을 확정하면 그때 입법부로 넘어와요. 하나의 법률 개정안이 입법부에 오는데 짧게는 1년, 길게는 2년이 넘게 걸리는 거죠.

그런데 앞에서 말했듯이 국회 보좌진이 법률 개정안을 마련하는데 걸리는 시간은 훨씬 짧아요. 행정부에서 하나의 법안을 만들어서 국회에 제출하기까지 걸리는 시간을 이미 벌고 시작하는 거죠. 이게 또 입법부에서 일하는 사람으로서 느끼는 장점이기도 해요. 문제가 있고, 개선해야 할 법률이 있다면 국회의원께 제안한 후 내부검토와 국회사무처의 검토를 거쳐서 빠른 시간 안에 개정안을 마련해서 제출할 수 있죠. 그래서 법안을 마련하는 일이 힘들어도 보람이 있어요. 아마 자신이 제기한 법률 개정안이 빨리 심사, 통과되어서 행정부에서 실제 집행되는 것을 경험해 본 보좌관이라면 보람을 충분히 느낄 거라고 생각해요.

국회의원 보좌관은 어떤 직업인가요

편 국회의원 보좌관은 어떤 직업인가요?

윤 사전에 따르면 보좌관은 '상관을 돕는 일을 맡은 직책 또는 그런 관리'를 말해요. 그런 의미에서 국회의원 보좌관은 상관인 국회의원을 돕는 직책이에요. 상위 직급의 보좌진은 거의 모든 영역의 업무를 해야 하기 때문에 저는 개인적으로 '만능 엔터테이너'라고 불러요. 그만큼 여러 방면으로 노력하고, 많은 시간을 통해 경험을 쌓고, 다양한 분야의 지식을 습득하며, 매 순간마다 어느 것을 해야 할지 판단해서(장단점, 목표, 일정 등을 감안해서) 의원님께 보고하고, 사무실의 업무를 수행해야 하죠.

국회의원 1명은 최대 9명으로부터 도움을 받을 수 있는데, 이들 전체를 보좌진이라고 불러요. 보좌진은 직급별로 4급 보좌관 2명, 5급 선임 비서관 2명, 6급/7급/8급/9급 비서관 각 1명, 그리고 1명의 인턴으로 구성돼요. 보좌진은 일반적으로 '000보좌관', '000비서관'으로 불리고, 인턴에 대해서는 '000비서', '000비서관', '000님' 등 의원실마다 달리 부르고 있죠.

편 보좌관을 비롯한 보좌진이 하는 일은 무엇인가요?

🅨 국회의원 사무실에서 가장 높은 4급의 직급인 보좌관은 일반적으로 사무실 업무를 총괄하는데, 업무와 상황에 대한 이해와 판단을 통해 국회의원 의정활동의 A부터 Z까지 전부 지원하는 일이라고 보면 돼요.

9명의 보좌진은 의원님의 모든 것을 맡아서 지원하죠. 상임위원회 활동(정무활동, 부처 및 현안대응, 법률 제정 및 개정안 마련, 상임위원회 및 기타 위원회 질의서 및 보도자료 작성, 말씀자료 및 연설문 작성, 언론 및 기자 대응, 민원청취 및 해소 등), 일상적 사무실 운영(후원회 및 사무실 회계, 홈페이지 및 SNS 관리와 대응, 수행 및 사진·영상촬영 홍보 등), 선거 준비(지방선거 및 총선 준비, 지역발전공약 이행, 당원 및 지지자 확대 등) 등 하는 일이 너무나 많고 다양하죠. 일반 기업으로 본다면 비서실, 전략실, 총무 및 회계부, 홍보부 등 모든 부서의 일을 다 한다고 할 수 있죠.

국회 보좌진으로 처음 일을 시작하게 되면, 가장 먼저 국회법, 헌법 등 관련 법률을 숙지하고, 의원님 수행부터 SNS 관리와 같은 기초적인 업무부터 시작합니다. 직급에 따라서 보다 난이도가 높은 일들을 선배 보좌진으로부터 배우게 되며, 직급과 역할은 300명의 의원실이 모두 다르기 때문에 직급별로 업무가 같지가 않습니다.

⊙ 정책간담회에서 기자와의
질의 응답

⊙ 국회 현장스튜디오에서 여야 국회의원 대담 출연

편 국회의원의 업무를 지원하기 때문에 할 일이 정말 많아

보여요. 그중에서 먼저 상임위원회 활동은 어떻게 준비하는지

말씀해 주세요.

🅨 국회에는 18개의 상임위원회(이하 상임위)와 특별위원회(이하 특위)가 있습니다. 기획재정위원회, 국토교통위원회와 같이 큰 부처를 대상으로 하는 상임위를 일반 상임위라고 하고, 한 명의 국회의원은 하나의 일반 상임위에 소속되어 의정활동을 합니다.

그리고 몇몇 의원들은 작은 부처를 상대하는 위원회를 겸직하기도 하는데요. 여성가족위원회·운영위원회·예결산특별위원회·정보위원회·윤리특별위원회가 해당되며 겸임상임위원회라고 불러요. 또한 1~2년간 짧은 기간 동안 특정 주제를 다루기 위해 만들어지는 특별위원회가 있는데, 기후위기특별위원회·인구위기특별위원회·연금개혁특별위원회·첨단전략산업특별위원회 등이 있고, 해당 주제에 관심 있는 의원들이 참여하게 됩니다.

처음 국회의원(초선)을 하거나 두 번 정도 당선된(재선) 국회의원들이 겸임상임위원회나 특별상임위원회에 참여하는데요. 한 명의 초선이나 재선의원이 2~3개의 위원회(상임·겸임상임·특위)에 참여하기도 합니다.

상임위(특위, 겸임상임위) 활동이 있을 때는 평상시 언론기사나 의원실 논의 등을 거쳐 정리한 '개별 의원실만의 아이템과 의정활동 과제'를 중점적으로 다루게 됩니다. 또한 담당 부처의 업무보고를 검토해서 문제점을 찾아내고, 질의서를 만드는 일을 하는데요. 해당 부처에서 올라온 보고서를 검토하는 것만으로 일이 끝나지 않아요. 문제점을 발견하면 해당 부처에 자료를 더 요구할 수 있어요. 보내온 자료를 다 검토한 후에는 해당 부처가 잘못한 점과 해결방안(대안)을 찾아내 질의서와 보도자료를 만들죠. 이렇게 만든 질의서가 의원님께 전달됩니다. 물론, 이런 과정에 처음부터 의원님이 주도하거나 참석하시는 의원실도 있기 때문에 절차나 방식은 다양할 수 있어요.

상임위가 개회되면 국회의원은 부처의 장·차관이나 국장들을 상대로 질문하고, 질책하는 등 행정부를 견제하는 역할을 하는 거예요. 그런데 검토할 자료의 양이 굉장히 많아서 한 명의 보좌진이 모두 다 하기는 어려워요.

편 상임위 활동에 관한 예를 하나 들어서 설명해주세요.

윤 국토교통위원회의 예를 들어볼게요. 국토교통부는 도시·국토개발 및 주택 분야와 철도·항공·도로·물류 분야 등 크게 2가지의 업무영역이 있어서 차관도 2명으로 1차관과 2차관이 있죠. 또 그 아래 산하기관도 여럿 있어요. 예를 들면 LH공사와 주택도시금융공사는 1차관 쪽이고, 인천공항과 한국철도공사, 한국도로공사 등은 2차관 쪽인데, 한 사람의 보좌진이 두 쪽을 다 담당할 때도 있지만 두 사람을 투입해서 한 분야씩 따로 일을 하기도 해요. 상임위는 국회법에서 두 달에 한 번 정도 개회하게 되어 있지만, 요즘은 매달 개회되고 있어요. 매달 상임위가 열릴 때마다 질의서나 보도자료를 준비해야 하기 때문에 법안 검토와 예산집행, 현안(문제점)은 일상적으로 준비하고 있고, 각 분야를 보좌진이 분담하여 맡게 되면 상임위 활동뿐만 아니라 국정감사, 민원 및 지역발전공약 등도 책임지고 수행하게 됩니다.

편 의원님이 소속된 상임위에 따라 할 일이 더 많을 수도 있겠어요?

윤 상임위마다 모두 다르죠. 간혹 현안이 발생할 수도 있고, 갈등이 많아서 현안이 많은 부처가 있을 수 있어요. 앞에서 예를 든 국토교통위원회는 국토교통부라는 한 개의 부처를 담당하지만 실질적인 행정은 두 분야로 나뉘어 있어서 할 일이 더 많은 편이에요. 그리고 모든 국민이 관심을 가지는 부동산가격, 도시 및 국토개발 계획, 철도나 도로 계획 등을 맡고 있기 때문에 현안이 더욱 많아요. 그래서 두 명의 보좌진이 분야를 나눠서 맡는 경우가 일반적이지만, 인력에 여유가 없을 때는 한 사람이 모두 담당하기도 하죠.

또 환경노동위원회 같은 경우는 환경부와 노동부 두 개의 부처를 담당해요. 그러면 처음부터 한 사람이 환경부를, 또 다른 한 사람이 노동부를 담당해요. 환경부와 노동부를 비롯해서 각각 부처뿐만 아니라 산하에는 수만 명의 공무원 등이 일하고 있어요. 수만 명이 일을 하고 있는 커다란 한 부처를 보좌진 한 사람이 대응(감사 및 예결산 등)을 하는 거예요. 각자가 맡은 업무 영역에서 전문성을 갖고 있는 수만 명의 공무원 등을 상대한다는 것은 일을 더 많이 해야 한다는 의미이기도 하죠.

편 각 부처마다 하는 일이 다르고, 법령이 달라서 전문적인 지식이 필요하겠어요.

윤 업무를 맡은 보좌진은 각 상임위원회에서 자신이 담당하는 부처의 소관 법령(법, 시행령, 시행규칙)들을 파악하고 있어야 하고, 현안 사안이나 개정법률을 다뤄야 할 때는 상세한 규정들까지 알고 있어야 해요. 그래서 행정부가 무슨 법령을 위반했다던가, 예산의 취지에 맞지 않게 집행했다던가, 하는 것들을 찾아낼 수 있어요.

보좌진이 하는 일은 어떻게 보면 경찰이나 검찰이 수사하는 것과 비슷해요. 다르게 설명하면 감사원과 수사기관의 역할을 동시에 하는 거라고 생각하면 되겠어요. 그러니까 아무것도 모르는 상태에서는 정부가 어떤 법규를 위반했는지, 어떤 예산이 어떻게 잘못 쓰였는지 찾아낼 수 없어요. 그래서 항상 공부하고 전문가들을 만나서 지식을 쌓으며 네트워크를 넓혀야 해요. 또한 여러 연구기관에서 발행되는 보고서나 언론의 기획보도는 항상 찾아보고, 머릿속에 담아둬야 하죠. 요즘은 해외 사례 등도 참고해서 정부에게 대안으로 제시하기도 하기 때문에 해외 정보까지 검토해야 합니다.

⊙ 더불어민주당 보좌진들의 교류와 협력을 위한 보좌진협의회 정기총회에서 협의회장으로서 발언하고 있는 모습.

가끔 언론에서 '국회의원 보좌진이 너무 많다, 하는 일 없는데 인건비만 많이 쓴다'고 비판하고, 또 일반인들 중에서도 보좌진에 대해 부정적으로 말씀하시는 분들이 계신데요. 조금만 관심을 갖고 살펴본다면 객관적으로 평가하실 것이라고 생각합니다. 실제로는 행정부를 감시하고 견제하는 일부터 법령을 개정하는 일까지 전문적이고 실무적인 일을 수행하고 있는 그 역할에 비해 평가받지 못하고 있는 상황이 안타깝죠. 잘못된 법률로 억울한 일을 당하는 국민이 없도록 법률을 개정하고, 수천만 원에서 수백억 원에 이르는 예산이 낭비되지 않도록 감시하는 일을 보좌진 한 명이 맡고 있기도 한데, 오히려더 많은 보좌진이 있어야 행정부를 제대로 감시하고, 국민에게 더 큰 도움을 드릴 수 있다고 저는 항상 강조합니다.

편 다음으로 정부의 예산안 심사에 관해 알려주세요.

윤 정부는 다음 해의 예산안을 편성해서 9월 정기국회 전까지 국회에 제출해요. 정부 예산안은 국회의원실과 국회 예산결산특별위원회, 국회예산정책처 등에서 편성지침에 따라 했는지, 국회에서 지적했던 점을 반영하였는지, 계속 집행되는 예산은 집행률 등을 고려했는지, 신규예산은 해당 사업예산이 적절한 사업인지 등을 보좌진을 비롯한 국회사무처 실무진이 종합적으로 검토합니다.

일반적으로 국정감사가 끝나면 곧바로 다음 해 예산을 심사하는데, 대개 10월 초순부터 시작해요. 예산안은 두 가지 방식으로 심사하는데, 하나는 해당 상임위에서 검토하여 삭감하거나 증액하는 의견을 제시하여 예산결산특별위원회에 제출하는 것이고, 다른 하나는 예산결산특별위원회에서 부처별로 예산을 심사하되 해당 상임위에서 심사한 의견을 반영하여 종합심사하는 거예요.

실무적으로 보좌진이 먼저 검토해서 질의서 등을 작성하고, 이를 바탕으로 국회의원들께서 상임위나 예산결산특별위원회에서 질의하고, 행정부의 장·차관 등이 답변하는 과정을 거치게 됩니다. 이때 회의장에서 구두로 질의하기도 하지만, 질의시간이 부족하기 때문에 질의서를 서면으로 작성하여 상임위와 예산결산특별위원회에 제출하기도 해요. 이때 서면질의는 구두질의와 같은 효과가 있고, 행정부는 답변서를 작성해서 10일 이내에 국회(질의한 의원)에 제출해야 합니다.

편 예산안 심사도 상임위 활동 중 하나인 거네요. 구체적으로 어떻게 하는지 설명해주세요.

윤 예산안 심사의 실무과정을 국토교통위원회를 사례로 설명해 볼게요. 다음 해 예산을 심사하기 전, 국토교통부는 여야를 구분해서 보좌진에게 다음 해 예산안을 설명해요. 그리고 보좌진은 그러한 내용과 더불어 국토교통부에서 제출한 다음 해 예산안 설명자료를 살펴보죠. 대략 3~4권의 두꺼운 책 분량인데요. 평상시 눈여겨보던 사업이나 국정감사 때 지적했던 사업 등을 집중적으로 살펴보고, 필요하면 국토교통부에 추가 자료를 요구하는 과정을 거치면서 문제점을 발견하고, 문제가 되는 사업을 찾아내 살펴본 결과, 예산을 삭감하거나 증액해야 한다는 의견을 제시해요. 역시 질의서 형태로 작성해서 의원님께 보고드리고, 예산심사를 하는 상임위에서 질의를 통해 확인하게 됩니다. 주목할 만한 예산이라면 보도자료를 작성해서 언론에 배포하는데, 이때 특정 언론에게만 제공하여 방송뉴스로 터트리기도 하죠.

예산심의할 때는 기본적으로 상임위와 예산결산특별위원회에서 작성한 검토보고서와 예산정책처에서 나온 자료를 참고해요. 보좌진으로서 찾아내지 못한 좋은 의견이 있다면 그것을 인용하여 질의서를 작성하는 것도 하나의 방법이에요. 하지만 모든 의원실에서도 그 보고서를 살펴보고 있기 때문에, 여러 의원실이 중복질의할 수 있는 위험도 따르죠.

⊙ 예산결산특별위원회 소위원회 개회 전 실무자협상

편 검토해야 할 자료도 많고, 문제점도 찾아내고, 질의서도 작성해야 하는 등 할 일이 많은 데서 오는 어려움도 따르겠어요.

윤 정부예산안을 검토하고 질의서를 쓰는 것은 당연히 어려운 일이에요. 보좌진으로 경력이 많지 않아서 이제 일을 배우는 보좌진들은 문제가 무엇인지 찾아내기도 어렵죠. 국정감사나 상임위를 몇 번 해 봐야 '아! 이렇게 하는구나' 하고 알게 돼요. '이런 관점에서 문제가 되고, 어떤 문제를 지적해야 하는구나' 하고 감이 오는 거죠.

특히 예산안을 검토하는 단위는 의원실, 예산정책처, 예산결산특별위원회, 상임위까지 네 곳이나 되니까 눈에 띄는 문제점은 대부분 지적되는 거예요. 다른 단위에서 지적하지 못한 새로운 문제점을 찾아야 하는데, 그게 쉬운 일이 아니죠.

이 일을 하는 저만의 노하우가 있어요. 하나는 2~3년 전에 담당 부처에 대한 예산결산특별위원회, 예산정책처, 상임위원회 등 검토보고서를 읽어보고, 개선되지 못했을 법한 주제를 찾아내서 확인해보는 거예요. 둘째는 2년 정도의 기간 동안 부처나 공공기관의 보도자료 리스트를 보면서 사업이 쉽게 진행되지 않았을 것으로 추정되는 것을 찾아서 자료요구를 하는 거죠. 마지막으로 2~3년 전 상임위원회를 했던 다른 의원실의 보도자료를 뒤져보는 거예요. 당시에 지적은 했지만 제대로 개선되지 않는 것도 꽤 있기 때문이죠.

편 잘 모르는 분야라면 어려움도 있을 것 같아요.

윤 보좌진이 예산결산에 관한 전문지식을 꼭 가지고 있을 필요는 없어요. 앞에서도 말했듯이 예산안을 검토하는 단위는 의원실 말고도 예산정책처와 예산결산특별위원회 등이 있잖아요. 전문지식으로 따지면 오히려 그런 기관에서 일하는 사람들이 갖추고 있어야 하는 거죠. 보좌진은 국정운영의 전반적인 관점에서 예산을 전문적으로 짜는 사람들이 보지 못하는 다른 문제점을 봐야 하는 거예요. 다양한 관점에서 예산안을 검토해야 숫자의 세계에서 보이지 않는 것들이 보이는 거니까요. 다만 전문가에 맞먹는 수준은 아니지만 보고서를 검토할 수 있을 정도의 역량은 가지고 있을 필요가 있죠. 국회에서는 보좌진과 국회사무처 직원들이 예산과 결산을 잘 할 수 있도록 교육하는 프로그램도 운영하고 있기 때문에 시간을 내서 듣고 배운다면 기초적인 지식과 기술을 습득할 수 있어요.

법안을 만드는 과정이 궁금해요

(편) 보좌진은 법안을 만드는 과정에 참여한다고 하셨어요. 실제로 의원실에서는 어떤 과정으로 법안을 만드나요?

(윤) 기존에 존재하는 법이 아닌 새로운 법을 '제정법'이라고 하고, 기존 법을 고치거나 개선한 것을 '개정법'이라고 하는데, 저는 두 개의 제정법과 수많은 개정법을 제안하고 본회의에서 통과시켜 현장에서 집행하도록 했죠.

그중에 조정식 의원께서 국토교통위원회 위원장으로 재직하던 당시 제정법을 2개나 통과시켰는데요. 그중 하나가 '지속가능한 기반시설 관리 기본법'이에요. 1970년대에 건설된 도로, 철도, 공항, 상하수도시설 등 국가주요기반시설이 노후되어 안전사고 우려 등이 커지고 있어, 이를 체계적으로 유지·관리하기 위한 체계를 마련해준 게 이 제정법이에요. 건설 후 50년이 넘어가면서 급격하게 노후되고 있는 공공기반시설의 성능을 개선하면 안전사고도 방지하고 수명연장도 가능해요. 새로 건설하는 것보다 재정투자 효율도 높일 뿐만 아니라 새로운 일자리까지 창출하고자 제정법을 추진했죠.

(편) 이 법을 제정해야겠다는 생각은 어떻게 하셨어요?

윤 한강에는 꽤 많은 다리가 있어요. 하루에도 수없이 많은 차들이 다리를 건너는데요. 어느 날 한강다리를 건너다가 문득 다리가 많이 낡았다는 것을 인식하게 되었어요. 또 오래 전에 건설된 고속도로의 차선을 넓히거나 직선화하는 것을 보면서 문제의식을 갖게 되었죠. 관련된 논문이나 보고서를 찾아보고, 건설업계나 정부 측과 협의하면서 '유지보수를 잘하면 새로 건설하지 않고, 30년은 더 안전하게 사용하겠다'는 결론에 도달했죠. 그 이후부터는 속도감 있게 건설업계와의 간담회, 전문가 면담을 거쳐 문제를 상세히 도출하고, 이를 법조문으로 옮겨나갔죠.

제정법은 말 그대로 처음 만들어지는 법이에요. 참고할 법이 없는 거죠. 완전히 새롭게 법을 만들어야 했기 때문에 조문을 몇 번이고 고쳤고, 행정부의 각 부처에게도 의견을 수렴해야 했어요. 그런데 각 부처의 입장과 주장을 반영하고, 갈등을 조정하는 일은 시간이 오래 걸리면서도 쉽지 않은 과정이었어요. 특히 예산이 투입되어야 할 경우 기재부는 계속해서 반대했고, 대안을 찾기 위해 동분서주했던 기억이 납니다.

결국 2017년 11월에 발의했던 '지속가능한 기반시설 관리 기본법'은 1년간의 노력 끝에 2018년 12월 7일 정기국회 마지막에 통과되었고, 2020년 1월 1일부터 시행되었어요. 제정법을 1년 만에 발의, 통과시킨 것은 매우 이례적이고, 1년 만에 이해관계자들의 의견을 담아냈다는 것도 기록에 남을 만한 일이었던 것 같습니다.

편 법률 개정안이나 제정안을 보좌진이 제안할 수는 있지만, 국회법 절차에 따라 그 법안을 발의할 수 있는 자격은 국회의원만 할 수 있는 일이잖아요?

윤 입법부에서 법안을 발의할 수 있는 사람은 국회의원입니다. 국회의원실에 있는 보좌진이 실무를 담당하지만 최종적으로 법률을 발의할 수 있는 권한은 없어요. 국회의원을 그림자같이 지원하는 것이고, 그게 보좌진의 역할입니다. 개정안이나 제정안 발의를 준비하는 과정에서 자료를 찾아 확인하고, 때로는 이해관계자들로부터 의견을 청취하고, 법안의 자구를 다듬는 등의 일이 보좌진의 역할 중 하나예요. 국회의원의 역할과 권한이 있고, 보좌진의 일이 따로 있는 거니까요. 보좌진은 입법 과정에서 큰 보람을 느껴요. 미래를 준비하고 사회의 문제점이나 모순점을 조금씩 개선하는 일을 하는 거니까요.

편 정리하자면 입법 과정 전반에 걸쳐 국회의원의 이름으로 행해지는 모든 일들을 보좌관을 비롯한 보좌진이 함께 하는 거군요.

윤 어떤 법이 현실에서 문제가 있다거나 새로운 미래를 준비하기 위해 필요한 일들을 위해 자료조사, 이해관계자 의견 청취, 법안의 체계와 내용을 만드는 것까지 보좌진이 함께 하는 겁니다.

보좌관이 하는 일도 정치인가요

📝 정치를 하는 국회의원을 보좌하는 사람들이 보좌관이니까 당연히 정치에 대한 관심이 있어야 하겠어요.

🧑 세상을 바꾸는 일이 정치죠. 입법부가 하는 일이 곧 정치인 거고요. 요즘 청년들이 정치에 관심이 적은 것은 사실인 것 같아요. 청소년들도 보좌관이라는 직업에 관심이 없을 수도 있다는 생각이 들어요. 그런데 미래를 생각한다면 청소년과 청년들이 정치에 관심을 가져야 해요. 자신들의 미래잖아요. 정치와 미래 세대의 삶은 깊은 연관이 있어요.

최근 학령인구 감소에 따른 대책에서부터 대학정원에 관한 정책, 일자리 대책과 부동산 대책 등은 직간접적으로 청년과 미래세대의 삶에 직결되어 있기 때문에 더욱 많이 관심을 가져야 하고, 정치권에 찬반의 의견, 개선방향 등을 적극 표현해야 합니다.

아주 간단한 예를 들어볼게요. 내가 사는 지역구에 제2의 세종문화회관이라는 걸 짓겠다고 공약한 분이 국회의원으로 뽑혔다고 해봐요. 지역 주민은 이 공약이 실현되면 좋겠다는 마음으로 뽑아주신 거죠. 그런데 중간에 구청장에 당선된 분이 다른 정당 소속으로 바뀌면서 이 문화사업을 우리 지역이 아닌 다른 지역으로 옮기겠다고 하는 거예요. 당연히 다른 지역 사람들도 환영할 만한 일이죠. 그러면 두 지역의 주민들 사이에 이해관계가 충돌되는 거예요. 일이 이렇게 되고 있다면 여러분은 어떻게 하겠어요? 애초의 공약에 따르면 우리 동네에 신설되어야 하는 문화공간이니까 우리를 위해서 일을 해달라고 국회의원에게 더 요구를 해야겠죠. 다시 가져오든가 아니면 그에 준하는 다른 뭔가를 해달라고요. 그러면 국회의원은 자신을 믿고 뽑아준 주민들을 위해서 싸워야 하는 거예요. 국회의원은 사실 주민을 위해서, 주민의 복지를 위해서, 주민을 대신해서 싸우는 사람이에요. 이게 정치예요.

🔵편 정치는 싸우는 것이라고 하셨어요. 그 의미를 더 말씀해 주세요.

🔵윤 싸우는 게 정치라고 하면 눈살을 찌푸리는 사람이 많아요. 싸우지 않고 조용히 대화로 해결하면 되지 않느냐고요. 물론 서로의 의견을 충분히 받아들여서 타협이 이뤄지면 좋은일이죠. 그런데 앞에 예를 든 것처럼 정치인들의 이해관계에 따라 두 지역 주민들의 이해가 충돌하는 경우가 생겨요. 이때 국회의원이 구청장에게 "원래 그 공약은 이 지역에 세우기로 했으니 원안대로 합시다"고 제안하면 구청장이 "그래요. 그렇

게 하시죠"라고 물러날까요? 절대 그렇지 않아요. 물러날 거였으면 처음부터 그런 구상을 하지 않죠. 그러면 이제 정치적인 다툼이 시작돼요. 국회의원은 왜 이 지역에 문화공간이 필요한지 주민들의 의사도 확인하고 타당성 조사도 하는 등 여러 가지로 행동하면서 원안을 관철시키려고 하죠. 반대로 구청장도 다른 지역으로 옮겨야 하는 이유 등을 제시할 거고요. 이 과정이 바깥에서 보면 대립하고 싸우는 걸로 보이겠지만 상황이 이럴 때는 싸우지 않고서 어떻게 사업을 관철시킬 수 있겠어요? 싸움은 정치의 일부이고, 그것을 잘 해내야 하는 것이 정치인의 역할이죠.

편 정치가 멀리 있는 게 아니라 나와 우리 동네의 일이네요?
윤 정치는 사람들과 멀리 있지 않아요. 청소년과 청년들과도 멀지 않아요. 예를 들어 20대 남성의 관심사는 군대예요. 그 문제를 해결할 수 있는 방법은 정치밖에 없어요. 남북의 긴장이 높아지게 되면 결국 양측은 더 많은 군인과 군비를 사용해야 겠죠. 평화와 협력이 지속되면 결국 군인과 군비도 줄어들 거예요. 또 국민연금 문제도 있죠. 현재의 연금제도를 유지한다고 가정하면 청년들은 연금 부담이 커지지만 노후에는 연금을 적게 받을 수 있다는 예측이 우세해요. 미래를 살아가게 될 청

⊕ 정부여당의 청년과 교육분야 공약 발표

⊕ 대통령 시정연설 방문시 항의 피켓팅

세상을 바꾸는 보이지 않는 손
국회의원 보좌관

소년에게는 자신들의 일이 될 텐데 관심을 갖지 않으면 부담을 떠안게 될 거예요. 지금 연금을 받는 세대와 곧 연금을 받을 세대가 적극적으로 정치적 행위를 하기 때문에 그래요. 이렇게 정치는 청소년의 미래와도 직접적으로 연결되어 있어요. 그래서 정치에 관심을 가져야 하는 거죠.

그뿐인가요? 나의 미래와 지역의 미래, 대외적으로는 외교까지 다 정치예요. 대한민국을 지키고 대한민국의 이익을 챙기기 위해서는 다른 나라들과도 잘 싸워야 해요. 그러려면 국민들은 실력이 있는 사람을 자신들의 대리인으로 뽑아야 하는 거고요. 또 뽑아놓고 '잘하겠지' 하고 방치해서도 안 돼요. 지속적으로 관심을 가지고 감시도 해야죠. 정치인은 '나를 믿고 대리인으로 뽑아준 사람들을 위해서 최선을 다해 싸워야겠다'는 마음으로 최선을 다해 정치를 해야 합니다.

제가 제일 싫어하는 말은 정치인들에게 싸우지 말라는 말이에요. 그건 정치를 국민들로부터 멀어지게 하는 프레임이에요. 정치혐오라는 말을 들어봤을 거예요. 권력을 가진 사람들이 국민들의 감시에서 벗어나서 권력을 독점하고 마음대로 휘두르기 위한 거죠. 국민으로부터 정치가 멀어져서 관심이 적으면 그 사람들 마음대로 할 수 있는 거니까요. 모든 사회는 갈등이 있어요. 각자가 원하는 것이 다 다른데 어떻게 갈등이 없겠어요. 세대 간, 지역 간, 성별 간 갈등을 비롯해서 모든 갈등은 정치적 과정을 통해 해결 방법을 찾아가야 해요. 그래서 정치가 필요한 거고, 치열하게 다투는 과정에서 해결방안이 찾아지는 거예요. 싸움이라니까 몸싸움만을 떠올리는데, 정치적인 싸움에 있어서 여당과 야당은 갈등이 발생하는 각종 현안의 성격에 따라 규탄대회, 언론브리핑, 대통령실 앞 시위 등 다양한 방식으로 의사를 표출해요.

⊕ 2019년 선거법과 공수처법 패스트트랙 지정으로 민주당과 자유한국당이 의안과 앞에서 대치하고 있는 상황

보좌관의
세계

국회의원을 보좌하는 일의 범위는
어디까지인가요

📝 국회의원을 보좌하는 일의 범위는 꽤 넓은 것 같아요. 실제로 어떤 일까지 하는 건가요?

📝 국회의원은 자신을 믿고 뽑아 준 국민을 위해서 최선을 다해 싸워야 하고, 국회의원을 뽑아 준 사람들은 자신들의 이해에 맞게 자신들을 대신해 잘 싸워서 이기게 되면 최고로 좋은 선택인 거죠. 또 국회의원은 입법부의 구성원이면서 헌법기관으로서 행정부와 사법부를 견제하고, 입법을 통해 국민의 권리와 인권을 보호해야 하죠. 그러려면 실력도 충분히 갖춰야 해요. 그런데 국회의원 한 사람이 이 모든 일을 다 할 수는 없어요. 그래서 보좌진이 필요한 거죠. 보좌진은 국회의원이 더 잘 싸울 수 있도록 철저하게 준비하고 행동하는 사람들이에요.

요즘엔 국회의원의 의정활동을 홍보하는 일도 해야 해요. 일상적인 홍보는 기본적으로 하는 일인데, 사진과 영상으로 담아내고, 감각 있게 글을 써서 SNS에 업로드하고 댓글에 반응하면서 국민들과 소통하죠. 어떤 의원들은 자신들이 직접 사진을 찍어서 SNS에 게시하기도 합니다.

또한 의원님이 라디오나 TV에 출연하는 경우 진행자의 질문에 대한 답변 초안을 쓰기도 하고, 중요한 행사에서 축사를 할 경우 기초자료와 더불어 축사 초안 쓰는 것도 보좌진들이 하는 일이에요. 개별 의원실마다 다르지만, 사진 찍고, 영상 편집하고, 글을 쓰는 등의 홍보에 뛰어난 역량이 있는 보좌진은 그 일을 전담하기도 한답니다.

편 보좌진들이 다재다능해야 할 것 같아요.

윤 제가 처음 국회에 들어왔을 때와는 환경이 많이 달라졌어요. 그때는 홍보의 장이 홈페이지 정도였는데, 그 후 블로그를 거쳐 트위터를 지나서 지금은 유튜브와 인스타그램까지 홍보 매체가 다양해져서 20년 전보다 업무의 범위가 대폭 늘어났어요. 또 한 가지, 비례대표 외에 지역구에서 뽑힌 국회의원의 경우 지역발전 공약을 이행하기 위해 그와 관련한 여러 가지 국가사업과 예산도 따내야 해요. 그리고 지역에 발생한 현안과 주민들의 민원도 해결해야 하죠. 이와 같이 지역구 국회의원들은 지역발전과 지역주민과의 소통이 매우 중요하기 때문에 지역에 사무실을 두고 지역과 관련한 일을 전담하는 보좌진을 상주시키는 것이 일반적입니다.

또한 국회의원 중에는 다양한 이유와 목적을 갖고 서울시

장이나 경기도지사와 같은 광역단체장이 되거나, 소속 정당의
원내대표나 당대표, 또는 대통령이 되기 위한 준비를 하기도
해요. 그 준비가 곧 보좌진의 일이 되는 거죠.

편 정리하면 한 명의 국회의원이 하는 모든 일을 보좌진이
함께 한다고 보면 될까요?

◉ 철도 노선 등 지역 현안 추진을 위해 국토교통부와 긴급회의

윤 그렇죠. 국회의원은 본인이 하고 싶은 일, 해야 할 일을 보좌진과 함께 공유하고 나눠요. 그래서 저는 현역 국회의원과 똑같은 사람이 8명, 9명이 있다고 표현해요. 국회의원이 하는 모든 일을 사전에 기획하고, 추진하고, 마무리하는 일을 하는 거죠. 한 명의 국회의원이 둘 수 있는 보좌진은 1998년 이후 꾸준히 늘어서 현재는 9명인데요. 인원이 늘었다고 할 일이 줄어든 게 아니에요. 거꾸로 국회의원이 할 일이 많아졌기 때문에 그만큼 보좌진이 더 필요해진 것이고, 늘어난 보좌진만큼 행정부와 사법부를 견제하고 국민의 권익을 대변하게 될 거예요.

편 보좌진은 의원님이 참석하는 회의 자리에도 다 참여하는 건가요?

윤 대부분 회의에 업무 지원을 위해 보좌진이 배석하게 되는데, 회의의 성격에 따라 배석이 불가능한 회의도 있어요. 국회 상임위 회의에는 대부분 한두 명의 보좌진이 배석하는데, 참석인원은 의원실에 따라 달라요. 개인적으로 원활한 회의 진행과 보좌를 위해서 5급 이상의 보좌진이 배석하되, 업무를 배워야 할 보좌진도 배석해야 한다고 생각해요. 왜냐면 회의장 현장 대응을 보면서 더 많은 것을 배우고 느낄 수 있기 때문이죠.

현장에서 배우는 것이 많아요. 어떤 의원의 질문에 대해 행정부 장관의 반응을 보면서 질문이 제대로 됐는지 등을 볼 수도 있고, 어떻게 질의해야 문제점이 잘 전달되는지, 이런 것도 볼 수 있으니까요.

편 언론 대응은 어떻게 하나요?

윤 의원님의 의정활동을 국민과 유권자에게 알리는 것도 보좌진이 할 일이에요. SNS나 유튜브 채널을 통해 홍보하는 것은 물론이고 보도자료를 만들어 언론사에 전하는 일도 하죠. 보도자료는 일반 기사처럼 6하원칙에 따라서 쓰는데요. 예를 들면 의원님이 오늘 상임위에서 관계 부처가 어떤 규정을 위반했던 것을 적발해 문제제기를 했다는 등의 내용이에요. 보통은 국회를 취재하는 모든 언론사에 뿌리지만, 중대한 사안이 있을 때는 특정 언론사에 단독보도를 할 수 있게 하기도 해요. 질의의 주요내용이나 정부측에 요구하는 개선점 등에 대해 국회의원의 인터뷰 영상을 촬영하기도 하죠. 보좌진 입장에서는 국회의원의 단독 인터뷰 영상이 TV뉴스에 나가는 게 가장 좋아요.

편 의원님의 활동을 알리기 위해서 보좌진에서 따로 준비하는 것도 있나요?

윤 의정활동을 하다 보면 이제까지 밝혀지지 않았던 사회의 문제점, 행정부가 감추고 싶은 여러 문제점 등 소위 사회적으로 이슈가 될 만한 것들을 찾을 때가 있어요. 그런 일이 있으면 관련 부처에 현재 상황도 듣고, 자료 요구도 하고 또 현장에 나가서 직접 확인도 하고 국민들의 의견을 듣기도 하죠. 어떻게 보면 언론사의 기자들이 취재하는 것과 비슷하죠. 그렇게 해서 뉴스를 만들고, 이슈가 되도록 하는 거죠. 다만 뉴스를 억지로 만들기 위해서가 아니라 사회적, 국가적 문제점을 드러내고 이를 개선해서 문제를 풀어보자는 것이 목적입니다.

편 현재 사람들의 관심사나 사회의 흐름을 읽는 것도 중요할 것 같아요. 그런 일도 하시나요?

윤 요즘의 트렌드를 읽는 일도 해요. 인기 있는 드라마도 보고, 때로는 개그 프로그램도 보죠. 예를 들어 요즘 〈눈물의 여왕〉이라는 드라마가 화제를 일으키고 있잖아요. 드라마를 정주행할 시간은 안 되니까 요약본을 보거나 그 드라마에서 유명한 대사나 단어도 확인하는데, 도대체 왜 사람들이 그것을 보고 공감하고 따라하는지, 원인을 찾아보기도 하죠.

⊙ 국정감사 우수의원 수상 후 보좌진과 함께

이런 행동들은 국민과 소통하기 위한 것인데, 소통의 시작은 공감이기 때문이에요. 동시대에 사는 사람들, 국민은 무엇을 느끼는지 알아야 소통하지 않겠습니까?

편 보좌진이 하는 일이 참 많은 것 같아요.

윤 보좌진은 만능 엔터테인먼트가 돼야 한다고 생각해요. 행정부 업무 전반에 대해 파악하고 문제점을 찾아서 국정감사도 하고, 언론대응을 위해 보도자료도 써야 하고, 다양한 홍보 활동도 하고, 또 기획과 정무활동도 해야 하니까요. 그래서 언론이나 기업으로 취업하는 보좌진도 꽤 있는데, 다양한 업무를 많이 해 봤기 때문에 어느 자리든 자기 역할을 충분히 잘 해낸다는 좋은 평가를 받기도 합니다.

법안의 문제점이나 정책의 아이디어는
어디서 얻나요

🔲 법안이나 정책의 문제점을 찾아낸다는 게 쉬운 일이 아닐 것 같아요. 보좌진은 이런 문제점을 어떻게 찾아내나요?

🔲 보좌진으로 일하다 보면 각자 터득하는 요령이 있어요. 보좌관으로서 전문성이 생기는 거죠. 처음엔 기본적인 방법을 잘 익혀야 하고, 경력이 쌓이면서 노하우가 생기는 건데요. 흔한 예로는 언론에 보도된 것을 보고 담당하고 있는 해당 부처의 문제점을 찾는 거예요.

예를 들면 얼마 전에 이미 준공된 아파트에서 설계보다 철근이 적게 시공된 것이 발견되어 사회적 파장이 컸는데, 그 일은 국토교통부의 관할이에요. 언론에서 보도가 나오자마자 부처에 관련된 자료를 요구해요. 그래서 규정이 잘못된 것인지, 감독을 부실하게 한 것인지 찾아내는 거예요. 처음 설계단계에서부터 시공과 준공까지 모든 과정을 리뷰해보고, 부실시공의 원인을 찾아내서 규정을 강화하거나 신설해서 똑같은 일이 반복되지 않도록 하는 거죠.

일상생활에서 문제점을 인지하는 것도 중요해요. 제가 운전하면서 도로를 다니다가 포트홀을 발견했어요. 그런데 가만 보니 포트홀이 여러 날 동안 방치되어 있는 거예요. 그러면 관할 도로 관리 기관에 포트홀 발생에 관한 자료를 요구하는 거죠. 고속도로면 도로공사에 자료를 요구해서 살펴봐요. 또 기관의 담당자와 통화해서 어느 구간에 포트홀이 몇 개 생겼는지, 규정과 절차에 따라 보수했는지, 규정이 미비점은 없는지 등을 면밀하게 검토해서 개선점을 마련하는데, 목표는 명확하죠. 포트홀로 인한 국민의 피해와 사고를 미연에 방지하는 것이고, 결국은 국민의 안전과 생명을 보호하자는 것이죠. 그렇기 때문에 어느 공공기관도 반대하거나 거부할 수 없어요.

자료요구권이 무엇인가요

편 이 일을 하려면 행정부 각 부처의 자료는 물론이고 여러 기관의 자료가 필요하겠어요. 자료는 어떻게 구하나요?

윤 국회에는 국회의원의 의정활동을 지원하기 위한 기관들이 있어요. 국회사무처가 대표적이죠. 국회사무처는 국회의 입법·예산결산심사 등의 활동을 지원하고 행정사무를 처리하기 위해 만들어진 기관이에요. 여기서는 국회의 운영과 국회의원의 의정활동과 관련한 지원업무를 하는데요. 필요한 자료나 궁금한 것이 있다면 해당 업무를 담당하는 상임위를 통해 확인합니다. 또한 중요한 일 중 하나가 보고서를 만드는 거예요. 행정부에서 수행한 일들을 분야별로 나누고 문제점들을 사무처 직원들이 기록해 보고서를 작성해요. 대표적으로 예산과 관련한 예산검토보고서도 있고, 법안과 관련한 법안검토보고서도 있고요. 보좌진은 기본적으로 이 보고서들을 참조하죠. 사무처에서 제공하는 보고서는 누구나 볼 수 있기 때문에 기초자료로서 역할을 하게 됩니다.

국회에는 또 예산정책처와 입법조사처 등이 있는데, 보다 전문적으로 자료를 검토하고 행정부 사업과 예산을 평가하고 개선방안을 제시하고 있어 많은 도움이 되고 있죠

편 보좌진이 자료를 요구하면 정부 기관은 거부할 수 없는 건가요?

윤 정확하게는 국회의원에게 국회법에 따라 '자료요구권'이 있고, 보좌진은 업무 수행을 위해 의원님에게 보고하고 관련 자료를 정부 측에 '요구'하는 거예요. 또한 국회법에는 '정부에 대한 서면질문'이라는 것도 있는데, 부처에 상관없이 국회의원이 서면질문을 하면 그에 대해 10일 이내에 답변해야 해요. 그건 '요청'과 달라요. 요청은 보내달라고 청하는 건데, 국회의원은 행정부를 견제할 임무가 있기 때문에 필요하다면 어떤 부처에도 요구할 수 있어요. 이건 권한이기 때문에 질문을 받은 부처와 공공기관은 반드시 자료를 제출해야 해요. 저는 보좌진을 대상으로 하는 교육프로그램에서 교육하거나 우리 의원실에 새로운 보좌진이 왔을 때 반드시 강조합니다. 먼저 국회법을 읽고 숙지해야 한다고요. 국회법에는 국회와 국회의원이 어떤 권한과 방법으로 행정부를 견제하는지 규정되어 있기 때문이죠.

편 서면질의는 언제든지 적용되는 건가요?

윤 평상시에도 필요하다고 판단될 때 국회법에 따라 어느 부처에나 행사할 수 있어요. 예를 들어 상임위가 국토위원회인데 다른 부처의 답변이 필요하다면 요구할 수 있죠. 환경부, 노동부 등등 모든 부처에 행사할 수 있어요.

국회법에 따라 '서면질의'를 행사할 때는 국회의장의 승인 절차를 밟아야 해요. 국회의장의 승인을 받고 정부로 보내면 해당 부처는 자료를 만들어서 10일 이내에 제출해야 하죠. 하지만 제출을 거부할 수 있는 경우도 있어요. 개인정보보호법에 따라 공개할 수 없거나, 외교·국방·안보와 관련되었을 경우 등은 제출을 거부할 수 있죠. 그런데 그 경계가 모호할 경우 행정 부처에서 악용하는 경우도 있어요. 개인정보라거나, 외교 안보 차원에서 공개할 수 없다는 명분을 내세우죠. 그럴 때는 요령껏 받아내는 것이 보좌진의 노하우고 역량이죠.

같은 당 내에서 보좌진끼리 협력하는 일도 있나요

🔵 같은 당 소속이라면 다른 의원실의 보좌진과 협력하는 경우도 있나요?

🟡 300명의 국회의원은 개별적으로 하나의 헌법기관이며 입법기관이에요. 다시 말해 한 명 한 명이 입법기관인 거예요. 그러니까 국회의원 한 명이 독립적인 입법기관이며, 그 역할을 할 수 있도록 보호하고 지원하게 되어 있어요. 다만 사안이 굉장히 크고 중대하다고 판단이 될 때는 같은 정당의 의원실이 서로 협력하는 경우도 있어요.

예를 들면 예전에 4대강 사업이 있었어요. 전 국토에 걸쳐 진행된 사업이기 때문에 규모가 엄청나게 컸죠. 이렇게 큰 사업은 한 의원실에서 독자적으로 모든 자료를 검토하고 예산집행을 견제하기가 어려웠어요. 그래서 의원들이 모여서 업무를 나눴어요. 어떤 의원실은 수질의 문제점을 중점적으로 조사하고, 어떤 의원실은 건설의 문제를 도맡는 등으로 역할 배분을 했었죠.

최근에는 양평고속도로 노선 변경 의혹이 있었죠. 국토교통위원회 소속 의원실에서 공동으로 고속도로 기획, 설계, 보상 등 각 분야별로 역할을 나누고 해당 분야를 집중적으로 조사했는데, 국토교통부 및 설계와 시공담당 업체 등을 세분화하여 담당했다고 하네요.

편 협업을 하신 거네요?

윤 네. 대한민국 전체에 영향을 줄 수 있는 큰 사안이었기 때문이죠. 또 인사청문회가 열릴 때도 살펴봐야 할 항목에 따라 나누기도 해요. 인사청문회는 한 사람의 인생을 전부 들여다보는 건데요. 살펴봐야 할 게 참 많아요. 재산에서는 특히 부동산투기 여부, 학업 분야는 논문 등을 중점적으로 살펴보고, 경력은 허위가 없는지, 각종 제보까지 나눠서 조사해요.

보좌진의 직급 체계는 어떻게 되나요

편 보좌진의 직급 체계는 어떻게 되나요?

윤 국회규정에 따르면 4급 보좌관이 2명, 5급 선임 비서관이 2명, 6급/7급/8급/9급 비서관 각 1명, 인턴 1명, 이렇게 9명의 보좌진을 둘 수 있어요. 보좌진의 구성과 운영은 300개의 의원 실마다 다 달라요. 일반적으로 인턴은 의원실의 막내로서 주요 업무를 정하지 않고 보좌진의 업무를 보조하는 역할을 주로 해요. 의원실마다 인턴에게 맡기는 일이 다르기 때문에 특정할 수는 없지만 국정감사 때는 역량에 따라 중요한 업무를 함께 수행하기도 해요. 보통 인턴에 지원하는 사람들은 보좌진이 되는 것을 목표로 하는 경우가 많아서 적극적으로 일을 하면 보좌진에 공석이 생길 경우 정식 보좌진으로 승진할 기회가 주어집니다. 9급 비서관은 주로 사무실 행정을 맡아요. 국회의원 일정표 관리, 사무실 운영비와 후원회 관리 등 의원실의 회계를 담당하는데, 여직원이 많은 편이에요. 8급 비서관은 주로 수행비서예요. 가장 중요한 업무는 운전이에요. 의원님의 일정에 따라 함께 움직여야 하죠.

편 7급 비서관부터는 하는 일이 달라지나요?

윤 9급, 8급 비서관은 대체로 역할이 정해져 있어서 의원실에 따른 차이는 크게 없어요. 그런데 7급 비서관부터는 국회와 관련한 실무적인 일을 담당하게 되죠. 이제 거꾸로 4급 보좌관이 하는 일부터 말씀드릴게요. 4급 보좌관은 두 명인데, 지역구 의원의 경우 일반적으로 한 명은 여의도 국회 의원실에서 상주하며 정책과 정무를 담당하고, 다른 한 명은 지역구 사무실에서 근무하며 지역주민의 민원을 처리하고 주민들의 목소리를 의원님에게 전달하는 역할을 해요. 선거를 통해 당선된 국회의원은 국회 업무도 하면서 지역구 관리도 하기 때문에 두 사람의 업무가 달라요. 그래서 국회 업무를 담당하는 보좌관은 비서관들을 총괄하는 업무를 포함해요. 조직 관리를 하는 건데요. 비서관들에게 업무를 나누어 주는 일을 하고, 비서관들이 준비한 것들을 최종적으로 검토해서 의원님께 보고하고, 의원님의 지시 사항을 받아서 다시 비서관들에게 전달하는 등 총괄하는 역할이죠. 지역구를 담당하는 보좌관은 그쪽 업무만 담당하기 때문에 두 사람의 업무가 겹치지 않아요. 반면에 비례대표 의원실의 경우 두 명의 4급 보좌관이 함께 일하면서 역할을 나누고 담당하는 업무를 달리하는 것으로 알고 있어요.

5급/6급 비서관들은 4급 보좌관과 함께 의원님 활동에 관한 모든 것을 함께 나눠서 해요. 국회에는 상임위원회 활동, 예산안 심의, 국정감사, 인사청문회 등의 일이 있어요. 이때 보좌진이 실질적인 정책 업무를 많이 해요. 7급 비서관은 의원실에 따라 하는 역할이 유동적이에요. 다른 비서관들과 함께 정책 업무를 하는 의원실도 있고, 행정 업무나 다른 특화된 업무를 맡기도 하고요.

편 급수에 따른 역할이 딱 정해진 것은 아니고 의원실에 따라 하는 일이 다를 수 있다는 거죠?

윤 그렇죠. 의원실에서 하는 일이 정말 다양해서 누구는 어떤 일만 담당한다거나 일률적으로 몇 급은 무슨 일을 담당해야 한다는 건 없어요. 사안이 막중하면 9명 보좌진 모두가 달려들어서 해야 할 때도 있고, 때에 따라서는 역할 분담된 일만 해도 되고요. 의원실에 따라 4급 보좌관이 하는 일이 조금 다르기도 해요. 어떤 의원은 보좌관으로부터 총괄 보고를 받고 중요한 사안을 제외하고 업무 배분이나 보좌진 관리를 보좌관에게 맡기는가 하면, 어떤 의원은 보좌진 중 누구는 어느 기관을 맡아서 보고하고 누구는 질의서를 담당하라는 등 직접 업무 지시를 해요. 의원님의 성향에 따라 다 달라요.

보좌진의 진급은 어떻게 결정되나요

편 진급은 어떻게 결정되나요?

윤 보좌진의 진급은 의원실 내에서 결정되는 거예요. 업무 평가 내용을 기본으로 해서 국회의원이 결정하시죠. 그리고 중간에 결원이 생기면 아래 직급의 보좌진을 진급시킬 때도 있고, 새로 뽑아서 채우기도 합니다. 근무 연차를 기본으로 하지만 능력에 따라 진급하는 시기가 사람마다 다 달라요. 이때 '능력'은 문제점을 잘 찾고, 대안을 제시할 역량이 되는지 여부인 거죠. 능동적으로 문제가 될만한 것을 잘 찾는 사람이 있는가 하면, 그렇지 못한 사람도 있어요. 그러면 동시에 입사했다고 하더라도 한 사람이 먼저 승진하기도 해요. 그렇게 되면 승진하지 못한 비서관은 아무래도 이 일이 안 맞다고 생각해서 다른 분야로 가거나, 이 의원실과 맞지 않다고 생각하고 다른 의원실로 옮기기도 해요.

편 인턴으로 시작해 4급 보좌관이 되는 데 얼마나 걸릴까요?

윤 역시 보좌진의 역량에 따라, 의원실 인력 구조에 따라 다르지만 최소 10년 이상 걸리는 것 같아요. 그런데 한 의원실에서 10년 이상을 근무하는 건 현실적으로 어려움이 있어요.

또 가능하다고 해도 10년 이상 걸리기도 하고요. 그래서 보좌진은 의원실을 옮기면서 승진하기도 해요. 대통령선거가 끝나면 보좌진들의 이동이 꽤 일어나요. 지난 2017년 제19대 대통령선거로 정권교체가 되고 문재인정부가 출범하면서 보좌진들이 청와대로, 공공기관으로 대거 이동했어요. 4급, 5급 보좌진이 많이 빠지니까 그 아래 있던 보좌진이 4급, 5급으로 승진하는 경우가 많았어요. 2022년 대선 승리에 따라 국민의힘 보좌진들이 용산으로 많이 이동한 것도 마찬가지죠. 그와 반대로 정부와 청와대에 있던 보좌진들이 다시 국회로 돌아오기도 했어요. 그러면 또 변동이 생기는 거예요. 국회로 유입되는 보좌진들이 많아지면서 예전에는 4급 보좌관이었던 사람이 직급을 낮춰서 5급 선임 비서관으로 오기도 해요. 이렇게 승진을 하기도 하지만 때에 따라서는 직급을 낮추는 일도 있어요. 그런데 보좌진이라면 이런 일에 크게 구애받지는 않아요. 이 직업 자체가 변동성이 큰 직업이거든요. 승진이라는 개념이 일반 회사원과는 달라요. 일반 회사에서는 일정 기간 내에 승진을 못 하면 도태되거나 회사를 나가야 하는데, 보좌진은 자리를 바꿔가면서 원하는 때까지 일을 할 수 있어요. 그리고 여러 가지 기회가 오는 직업이라 일시적인 변동에 크게 영향을 받지 않아요.

국회의원
보좌관이 되려면

이 일을 하려면 어떤 역량이 필요할까요

편 이 일을 하려면 어떤 역량이 필요할까요?

윤 이 일은 사람들과 관계를 맺으면서 하는 일이라 첫째로 소통 역량이 필요해요. 모든 보좌진이 한 팀을 이뤄서 서로 협업하는 일이죠. 혼자서 잘한다고 성과가 나지 않아요. 실제로 혼자서 할 수 있는 일이 많지 않아요. 사람들과 많이 만나고 부딪히면서 하는 직업이죠. 팀을 이룬 보좌진이 다양한 외부 네트워크를 만들고 의원실 내부에서는 협업을 이루는 게 중요해요.

둘째, 이 일은 주체성이 있어야 재미있게 할 수 있어요. 스스로 생각해서 새로운 일을 찾아서 하는 사람이 잘 할 수 있어요. 마치 기자나 수사관처럼 왜 저런 일이 벌어졌을까, 무엇이 문제일까, 어디서 잘못되었을까, 그 문제를 해결하는 방법은 무엇일까, 이런 질문을 던질 수 있어야 해요. 어떻게 보면 세상에 대한 호기심이 필요한 거죠. 호기심이 뭐 별건가요? 그냥 자기 주변에 관심을 가지고 예리하게 보는 것도 호기심이에요. 관심을 가지고 세상을 바라보면 무심코 지나치는 일상에서도 문제를 발견할 수 있어요. 나아가 그런 것들을 해결할 수 있다는 의지가 있으면 더 좋고요.

혹시 도로가에 설치된 투명방음벽을 본 적 있나요? 눈여겨 보지 않았다면 기회가 될 때 관찰해 보세요. 잘 보면 독수리 스티커가 붙어있는 곳도 있고, 촘촘한 점이 있는 곳도 있어요. 투명방음벽에 새들이 부딪혀 죽는 걸 방지하기 위해 붙여놓은 스티커예요. 투명방음벽에 아무것도 없을 때는 새들이 많이 부딪혀 죽었어요. 투명하니까 날아가다가 부딪히는 거죠. 그래서 처음엔 독수리 같은 맹금류 스티커를 붙였어요. 효과가 있기는 했지만 맹금류 스티커가 부착된 딱 '그 부분'만 새들이 피해가는 거예요. 대안으로 제시된 게 '5×10 규칙'이에요. 세로 5cm, 가로 10cm 간격으로 유리창에 무늬를 넣거나 스티커를 붙이면 새는 그 사이를 통과하지 못하는 좁은 구역으로 인식해 충돌을 피할 수 있다는 거였죠. 문제를 인식한 지자체 몇 곳에서 '조류 충돌 저감 조례'나 그와 관련된 조례를 의결했어요. 언론이 문제를 제기하니까 국정감사 때도 이야기가 나왔어요. 그래서 환경부에서 '방음시설의 성능 및 설치기준' 일부를 개정해서 앞으로 투명방음벽을 설치할 경우 의무적으로 조류 충돌을 방지할 대책도 함께 세우도록 했어요. 이건 하나의 사례인데, 제가 얘기하고 싶은 건 보려고만 하면 일상생활을 하면서 이런 문제를 찾아낼 수 있다는 거예요.

마지막으로, 무슨 일을 맡으면 '어쨌든 해내야'라는 뚝심이 있어야 해요. 보좌관은 만능 엔터테인먼트라고 했잖아요. 이건 안 해봐서 못하고, 저건 내가 할 수 있는 일이 아니어서 못한 다는 생각을 가지고 있으면 곤란해요. 일단 맡겨진 일은 하고 나서 더 잘 할 수 있는 분야를 찾는 건 괜찮아요. 그렇지만 처음부터 할 수 없는 일이라고 딱 선을 그으면 오래 할 수 없는 것 같아요. 맡겨진 일을 일단 해야 한다고 하면 수동적이지 않아야 한다고 했던 것과 배치되는 것 같은데 그건 달라요. 보좌진이 하는 업무의 범위가 엄청 넓다고 했잖아요. 그런 일들을 보좌진이 다 나눠서 하는데, 임무가 주어지면 일단 하고 봐야 해요. 자기한테 주어진 일을 끝까지 완수하는 건 기본이에요. 거기서 새로운 것을 발견하고 일을 찾아내면 더 좋고요.

이 직업에 잘 맞는 성격이나 성향이 있을까요

편 성격이나 성향도 이 일을 하는데 영향을 미칠까요?

윤 사람을 많이 만나서 네트워크를 맺는 직업이라고 하면 외향적인 사람이 좋겠다고 생각할 수 있겠어요. 그런데 외향적인 사람이 꼭 대인관계를 잘하는 것도 아니고, 내향적인 사람이 잘 못하는 것도 아니에요. 사람을 기피하고 대화하는 걸 어려워하는 사람만 아니라면 성향은 상관없는 것 같아요. 제가 20년 넘게 보좌진 생활을 하면서 겪어보니까 어떤 성격의 사람이라도 일하겠다는 의지만 있으면 다 할 수 있더라고요.

예를 들면 반대의 성향을 가진 두 사람이 있어요. A라는 친구는 호기심도 많고 창의적이라서 아이디어가 넘쳐요. 또 B라는 친구는 한 가지 일을 깊이 파고드는 진득함이 있어요. 창의적인 사고를 잘하는 A는 여기저기 관심이 많은 반면 오랫동안 한 가지 일에 매달리기보다는 어느 정도 한 다음에는 이미 관심이 다른 곳에 가 있는 경우가 많아요. B는 일이 맡겨지면 산더미같이 쌓인 자료를 다 검토하면서 끝까지 성실하게 일하죠. 그러면 B라는 친구는 A라는 친구가 못마땅한 거예요. 자기는 죽어라 일하는데 A는 지금 하는 일에 집중하지 않고 딴짓을 하고 있다는 생각이 드니까요. 그런데 보좌진을 총괄하는 제 입장에서 봤을 때는 두 사람 다 필요한 사람들이에요. 어떤 일을 기획하거나 해결의 돌파구를 찾아야 할 때 보면 어떤 때는 A가, 또 어떤 때는 B가 큰 도움이 돼요. 한 조직 안에 다른 성향의 사람들이 있는 게 나쁜 게 아니에요. 만약에 A같은 보좌진들만 있다거나, B같은 보좌진들만 있다면 일이 진척되기 힘들 거예요. 이렇게 다른 성향의 사람들이 모여있는 조직이 훨씬 생동감 있게 돌아가는 것 같아요. 다만 보좌진을 총괄하는 보좌관으로서 보좌진들이 가진 장단점을 파악하고 적절한 역할을 맡겨서 잘 써야겠죠.

외국어를 잘하면 도움이 될까요

🔵 외국어를 잘하면 도움이 될까요?

🟡 잘하면 좋죠. 국회에 외국 손님들도 많이 와요. 손님들이 오시면 전문 통역사를 불러서 통역하는데 보좌진이 국회의원 옆에서 직접 소통하면 훨씬 편하죠. 또 국회의원이 해외 일정이 있을 때 함께 갈 기회도 있어요. 어느 정도 경력이 쌓이면 의원님과 함께 해외에 나갈 수 있죠. 그리고 국회에는 의회외교단체가 있어요. 의회외교활동을 목적으로 의회에서 결성된 국회의원 외교단체로서 의회외교포럼, 의원친선협회 등이 있어요. 의회외교포럼은 2019년 제20대 국회에서 한·중·일·러, EU, 아세안, 중동, 중남미, 아프리카 등 전 세계 주요 거점 국가와 지역별로 중진의원 중심의 외교채널을 구축하고, 국가 현안에 대한 국가별, 지역별 지지구축 및 협력강화를 위한 실리적 의회외교를 추구하기 위해 처음 열렸어요.

의원친선협회는 대한민국 국회의원과 상대국 의회 의원 간의 방문교류 및 친선활동을 수행하는 의원외교단체로써 정치·경제·사회·문화 등 다양한 분야의 의회 간 의견과 경험을 공유하고, 우호협력을 증진하는 역할을 담당하는데, 모든 국회의원이 하나 이상의 친선협회에 가입하여 지속적으로 활동하고 있어요. 저의 의원님의 경우 한-우크라이나 친선협회장을 12년째 맡고 계시는데, 제가 직접 우크라이나까지 모시기도 했습니다. 2년에 한 번 정도는 상대 국가에 가거나 상대 국가가 대한민국을 방문하는 행사가 있어요. 이런 행사가 있을 때 상대 국가의 언어는 하지 못해도 세계 공용어인 영어를 잘하면 큰 도움이 되죠.

편 국회에 외국 손님들도 많이 오신다고 했는데 어떤 목적으로 오시는 건가요?

윤 국회에서 저개발 국가의 정부 각료와 관계 부처의 사람

⊙ 출처: 대한민국 국회

들을 초청해서 행사를 열 때가 있어요. 친선 목적도 있고, 그분들이 우리나라의 정책이나 입법에 관해 궁금해하는 게 있으면 이런저런 조언을 하고, 그 나라의 발전에 도움이 되도록 자료도 제공하는 등의 일을 해요. 그럴 때 외국어로 소통하면 좋아요.

대학 졸업이 필요한가요

🔲 학력 조건은 어떤가요?

🔲 보좌진이 되고 싶다면 대학에 진학하는 게 좋겠어요. 대학에서 세상을 넓게 보고 이해하는 공부를 기본적으로 해야 해요. 전공은 상관없어요. 정치학과나 정치외교학과 출신이라면 국회의 입법활동에 관한 기본 지식이 있고, 정당활동이나 정당의 정책 방향에 관한 것들을 이해하고 있어서 도움이 되는 면이 있어요. 요즘엔 미디어나 영상 미디어가 중요한 홍보수단이 되었기 때문에 이 분야의 전공자도 좀 유리해요. 그리고 언론 관련 학과도 괜찮아요. 보좌진은 정당의 입장과 의원님의 주장을 대변할 수 있도록 질의서를 쓰고 보도자료를 써야 하거든요. 그렇다고 다른 전공자에 비해 훨씬 유리하다는 건 아니에요. 실제로 보좌진들의 전공을 보면 매우 다양해요. 저도 환경공학과 정책을 전공했잖아요. 보좌진이 하는 일을 앞에서 설명했듯이 어떤 전공을 했더라도 다 쓰임이 있어요. 전공에 맞는 분야의 일을 주로 할 수도 있고, 전공과 상관없이 본인이 관심 있고, 해보고 싶은 분야의 일을 할 수도 있어요. 그래서 전공보다 중요한 것은 정치에 대한 관심, 문제를 발견하는 능력, 그리고 문제를 증명하고 해결방안까지 제시할

수 있는 능력이죠. 본인이 자율적이고 주체적으로 하는 자세가 정말 중요해요.

편 요즘엔 학력이 더 중요해졌나요?

윤 학력이 중요하다기 보다 학력이 높은 청년들이 많이 지원하고 있는 추세예요. 요즘엔 석사 학위를 가진 사람들도 많이 지원해요. 제가 들어올 때만 해도 대부분 대학 졸업자들이었고, 석사 학위를 가진 사람들은 적었죠. 그런데 요즘엔 석사 과정을 마치고 들어와서 자기 전문 분야에 맞게 활동하는 사람들이 있어요. 의원실에 배정된 상임위 경험이 있는 보좌진이 없을 때는 해당 상임위 분야의 학위를 가진 사람들을 특별채용하기도 해요. 또 석사 이상의 학력을 가진 보좌진이 늘어난 이유는 보좌진으로 일하면서 대학원에 다니는 사람이 많기 때문이에요. 일하면서 더 알고 싶은 욕구가 생겨서 진학하는 경우도 있고, 평소에 관심있던 분야의 공부를 하면서 외부로 나가기 위해 준비하는 경우도 있죠.

청소년 시기에 어떤 경험을 하면 도움이 될까요

👤(편) 보좌관이 되려면 국회가 하는 일을 먼저 이해해야 할 것 같아요. 청소년이 참여할 수 있는 체험활동이 있을까요?

👤(윤) 먼저 국회가 어떤 곳인가를 알고 싶다면 국회참관을 해보라고 권해요. 국회의사당 본회의장에는 일반인이 참관할 수 있는 방청석이 있어요. 온라인으로 참관을 신청하고 실제 참관을 하면 국회의 역할과 기능 및 본회의장 시설물 등에 대한 전문 참관해설사의 안내를 받으며 해설을 들을 수 있어요. 유치원생부터 초등학생, 중고등학생, 성인에 이르기까지 누구나 본회의장 참관이 가능해요.

혹시 국회박물관이 있다는 걸 알고 있나요? 2022년 4월에 국회박물관이 문을 열었어요. 1998년 건립된 헌정기념관을 전면 개편해서 국회박물관으로 재탄생했죠. 국회와 의회민주주의에 대한 올바른 인식을 심어줄 수 있는 체험과 교육의 장으로서 역할을 수행해요.

국회나 박물관 체험에 머무르지 않고 실질적으로 국회에서 하는 일을 체험하고 싶다면 모의국회, 모의의회 프로그램에 참여해 보면 좋겠어요. 전국단위로 개최하는 모의국회도 있고, 지방자치의회에서 개최하는 모의의회도 있어요. 욕심을

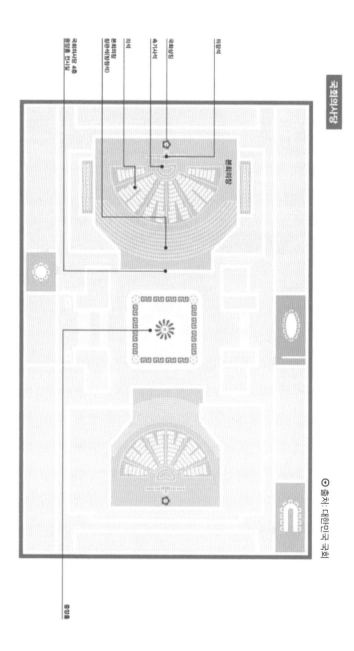

세상을 바꾸는 보이지 않는 손
국회의원 보좌관

⊙ 2022년 전국 학생 모의국회 행사 모습 (출처 - 한국4-H신문. 2023.09.14.)

좀 낸다면 한국4-H본부에서 매년 개최하는 전국 학생 모의국 회에 참여해 보는 것도 좋을 것 같아요. 전국 학생 모의국회는 우리 사회의 미래 주인인 청소년들이 민주적 의사소통과 민주 주의 원리를 채택해 건전한 민주시민의 자질을 배양토록 하는 프로그램으로 '전국 학생 모의국회 법률 제·개정안 공모대회' 와 '전국 학생 모의국회 본회의'로 구성되어 있어요. 국내 소재 중·고등학교에 재학 중인 학생이면 누구나 3인 이내의 팀을 이루어 대회에 참여할 수 있어요. 대회는 먼저 법률 제·개정 안 공모대회에 제안된 분야의 법률안을 제출해요. 제출된 법률안은 서면 심사를 통해 상위 4개 법안을 선정하고, 선정된 4개의 법안 발의자들은 전국 학생 모의국회 본회의에서 현장 발표 심사를 통해 최종 순위를 가리게 돼요. 전국단위의 모의국회는 국회체험관에서 개최하는데, 참여한 학생들의 성장에 큰 도움이 되었다는 연구도 있어요. 이 밖에도 청소년 대상의 모의국회는 꽤 많은 기관에서 개최하고 있어요. 친구들과 동아리를 만들어 준비해 보는 것도 좋겠어요.

보좌진이 되는 방법은 무엇인가요

🔵 보좌진은 어떻게 채용되는 건가요?

🟡 보좌진이 되는 방법은 시험을 보거나 정해진 방법이 있는 것은 아니고 몇 가지 큰 유형이 있어요. 첫째, 국회의원으로 당선될 때 선거운동을 도와서 함께 오는 경우가 있죠. 선거를 준

[더불어민주당 전현희 당선인] 5급 선임비서관 또는 6급 비서관 채용 공고

국회의원 유동수의원실 　　　　상태: 마감 　기간: 2024-04-24 ~ 2024-05-06 　⏱ 2024-04-24 　👁 4973

전현희 당선인실(더불어민주당/서울 중구성동갑)에서 함께 일할 인재를 모십니다.

1. 모집대상
- 5급 선임비서관 또는 6급 비서관 1명

2. 자격요건 및 우대조건
- 국가공무원법 제33조의 결격사유에 해당하지 않는 분
- 변호사 자격증 소지자
- 국회 유경험자

3. 주요업무
- 입법 정책 예산 등 국회 업무 전반
- 기타 의정활동 보좌

4. 근무조건
- 국회사무처 규정에 따름

5. 제출서류
- 이력서 및 자기소개서 (사진, 연락처 기재 필수)
- 포트폴리오 (본인 활동 및 경력사항을 증명할 수 있는 자료. 국회 경력자의 경우 본인이 작성한 보도자료 법안·질의서 등)
- ※ 지원 서류는 하나의 파일로 작성하되, 파일명은 지원 직급 및 이름으로 작성 (예: 6급_○○○.hwp)

6. 전형방법
- 1차 서류 심사
- 2차 면접 (1차 서류전형 합격자에 한하여 개별 통보)

7. 제출기한 및 제출방법
- 2024년 5월 6일(월) 24:00까지 이메일 (hyunheeieon@naver.com)로 제출
- ※ 제출한 서류는 반환하지 않으며, 채용 마감 후 일괄 파기합니다.
- ※ 채용 관련 우편 및 방문접수, 전화문의는 정중히 사양합니다.

⊙ 전현희 당선인 5급 선임비서관 또는 6급 비서관 채용공고

비하면서 함께 고생했던 사람들을 보좌진으로 채용하는 것인데, 당선자의 성향과 공약 등을 잘 이해하고 있어서 업무의 연속성 등을 고려하는 것이죠.

둘째, 공개채용을 통해 채용되는 경우가 있어요. 각 의원실에 결원이 생기면 국회 사이트에 채용공고를 내죠. 특히 총선이 끝나고 나면 여러 직급의 보좌진을 뽑는 채용공고가 많이

[이수진 의원실(더불어민주당, 비례대표, 환경노동위원회)] 8급 행정 비서관 채용

국회의원 이수진(李壽珍)의원실　　상태 : 마감　기간 : 2024-02-06 ~ 2024-02-13　🕐 2024-02-06　👁 11905

이수진 의원실(더불어민주당, 비례대표, 환경노동위원회) 8급 행정 비서관 채용

1. 모집 대상
- 8급 행정 비서관

2. 자격요건
- 국가공무원법 제33조의 결격사유에 해당하지 않는 자
- 성실하고 책임감 강한 자

3. 담당업무 및 우대사항
일정, 지원경비 회계, 후원회 정치자금 회계, 사무실 운영 지원, 선거사무 및 회계 등
경력자 우대

4. 근무조건
- 국회 사무처 보수 규정에 따름

5. 전형방법
- 1차 : 서류 전형
- 2차 : 면접 (1차 합격자에 한해 개별 통보)

6. 제출서류 및 제출기한
- 이력서 및 자기소개서 1부
※ '8급_성명.hwp'로 단일 파일로 작성 부탁드립니다.
※ 이메일 발송 시 제목은 '8급_성명'으로 해주시기 바랍니다.

7. 제출기한
- 2024년 2월 13일(월) 18:00까지

8. 제출방법
- 제출처 : lees545@num.net
- 우편이나 전화문의는 받지 않습니다.
- 제출된 서류는 채용완료 후 폐기 예정이며 반환하지 않습니다.

⊙ 이수진 의원실 8급 행정 비서관 채용공고

나와요. 그러면 조건을 검색하고 직급을 선택해 지원을 할 수 있어요. 직급에 따라 요구하는 자격 조건이 있고, 우대 조건이 있으니 잘 살펴야 해요. 전형은 대체로 3단계로 이루어져요. 1차는 서류심사, 2차는 실무 면접, 3차가 국회의원 면접이에요.

편 신입보다는 경력직을 더 많이 뽑는 것 같아요. 실제는 어떤가요?

윤 9급/8급 비서관은 신입을 뽑는 경우도 있지만 대부분은 경력자를 뽑아요. 보좌진이 되면 바로 업무에 투입되는 특성이 있어요. 일반 회사라면 업무 교육이 있을 텐데 이 일은 그런 게 없어요. 신입으로 뽑아놓고 가르치면서 일할 만큼 여유가 없어요. 그래서 대부분 유경험자를 선호하죠. 직급이 올라갈수록 신입으로 오는 경우는 거의 없어요.

보좌진 경력은 어떻게 쌓을 수 있나요

편 보좌진의 첫발은 인턴으로 시작하는 것 같은데, 인턴이 되려면 어떤 경력을 쌓으면 좋을까요?

윤 현재 여러 기관에서 국회보좌진 양성과정이나 국회인턴 보좌관과정과 같은 이름으로 보좌진이 되고 싶은 청년들을 대상으로 강좌를 여는 것으로 알고 있어요. 4~10회 정도의 교육을 받는 프로그램도 있고, 국회에서 짧게 인턴 경험을 할 수 있는 교육도 있죠. 이런 교육 프로그램에 참여해 보는 것도 도움이 돼요. 그리고 실제로 인턴 채용에 도전해서 인턴 생활을 하면 좋겠죠. 이런 교육과정에서는 현직 보좌관과 기자 들의 강의를 들을 수 있어요. 저도 여성유권자연맹에서 개최하는 국회인턴 체험 및 청년리더십 프로그램에서 강의할 때가 있어요. 이 프로그램은 일정 시간 교육을 이수하고 한 달, 또는 한 달 이상 국회인턴체험활동을 하는 거예요. 국회법과 국정감사 등에 대해 학습한 다음에 실제로 의원실에 가서 인턴으로 일하면서 경험하는 거죠. 인턴이 아니고 인턴 경험이기 때문에 보좌진이 하는 일을 옆에서 보고 배우는 정도지 실무를 하지는 않아요. 주로 대학생들이 방학을 이용해 인턴 체험을 많이 해요.

국회의원
보좌관이 되면

이 직업의 장점은 무엇인가요

(편) 이 직업의 장점은 무엇이라고 생각하세요?

(윤) 가장 큰 장점은 대한민국의 미래와 현재를 결정하는 역사의 현장에서 의미 있는 역할을 할 수 있다는 거죠. 입법부인 국회의 가장 중요한 기능이 법률을 만들고 바꿀 수 있다는 거예요. 국가와 사회를 운영하는 시스템을 결정하는 것이죠. 그것을 국회의원과 함께 만들면서 보람을 갖게 되는데요. 마치 큰 그림의 스케치를 하거나 건축물의 설계도를 그리는 것과 같은 뿌듯함이 있어요.

다음으로 전문성을 더 높일 수 있고, 다양한 경험을 쌓으면서 넓은 이해력을 가질 수 있다는 거예요. 저는 환경공학과 정책을 전공하였고, 그 이력으로 환경노동위원회에서 환경분야를 전담했던 적이 있어요. 당시에 우리 당이 국정을 책임지는 정부 여당이었는데요. 핵심 현안이었던 수도권 대기질 개선을 위한 제정법과 예산을 정부와 함께 설계하고 집행했어요. 이것이 현재 수도권대기질 특별법으로 디젤자동차에 매연저감장치를 달고, 산업분야에서는 미세먼지 저감장치 보급이 핵심이었어요. 결과적으로 봄과 가을 등 계절적인 영향으로 발생하는 미세먼지나 황사를 제외하고 수도권의 미세먼지나 오존 등 대기질 개선에 크게 기여했죠. 지금은 너무나 당연한 상황이지만, 당시에는 매우 심각하고 중대한 현안이었죠.

환경분야를 전공했지만, 상황에 따라 여러 상임위를 경험했어요. 정무위원회에서는 금융업과 기업규제, 기재위원회에서는 국가재정과 조세, 산업위원회에서는 국가산업과 중소기업 정책, 문화관광교육위원회에서는 교육과 문화정책, 통일외교위원회에서는 통일정책과 대북관계 등 다양한 상임위원회에서 국가 운영에 대한 폭넓은 시각을 갖게 되었죠.

추가적으로 인적 네트워크도 쌓을 수 있어요. 다양한 분야의 정책과 법률 등을 심사하면서 관련 정부 부처와 기업, 협회 등의 의견을 청취하고 문제를 지적하면서 여러 분야의 사람들을 만나서 소통할 수 있는 것이 큰 장점이에요. 또한 언론을 상대하기 때문에 기자들도 많이 만나요. 이렇게 다양한 사람들과 소통하는 직업이라 개인의 역량에 따라 인적 네트워크도 넓게 만들 수 있어요. 보좌진 모임에 참여하는 것도 큰 도움이 되죠.

편 인적 네트워크는 어떻게 만들어지나요?

윤 국회의원 보좌진은 누구든 만날 수 있어요. 일을 하다가 궁금한 게 생기면 행정 부처의 관계자들을 만나 궁금한 것도

⊙ 보좌진협의회장 역임 당시 임원진과 함께

물어보고 설명도 들을 수 있고, 법률 개정안과 관련된 각종 협회와 관련 기업의 관계자들을 만나 이야기를 들어볼 수도 있어요. 보좌진이 하는 일이 입법과 관련된 일이기 때문에 누구나 관심을 갖고 소통하기를 기대합니다. 그럼 그 사람들을 만나서 전문적인 이야기도 듣고 배우고 하니까 그런 과정에서 인적 네트워크가 쌓이는 거죠. 본인이 조금만 부지런하면 일하고 있는 전문 분야의 네트워크를 만들어서 일을 효율적으로 할 수 있다는 게 큰 장점이죠. 나중에 다른 분야로 진출하더라도 이렇게 쌓인 인적 네트워크를 활용할 수도 있고요.

⊙ 보좌진협의회장 당시 원내대표와 간담회

연봉은 어느 정도인가요

편 연봉은 얼마나 되나요?

윤 보좌진은 별정직 공무원이라 일반 공무원과 다르게 연봉이 책정되어 있어요. 일반 공무원은 9급에서 시작해 일정한 기간 근무해야 8급으로 진급할 수 있는 기회가 생기고, 근무한 기간에 따라 호봉이라는 것이 결정됩니다. 별정직 공무원은 해당 직급 일반 공무원이 받을 수 있는 최고 연봉을 받을 수 있어요. 예를 들어 저 같은 경우 4급 보좌관이면 4급 공무원 23호봉을 받아요. 급수에 따른 연봉은 아래 제시한 2023년 지급기준을 참고하면 될 거예요.

2023년도 국회의원 보좌직원 보수 지급기준

※ 2023년 공무원보수 등의 업무지침(인사혁신처 소관) 미확정 상태로서, 향후 지침 개정시 수당 지급기준 등 변동 가능성 있음.
※「공무원보수규정」부칙 제3조(4급 상당 이상 공무원의 봉급 및 연봉지급에 관한 특례)에 따라, 4급 보좌관의 보수는 2022년도 지급기준과 동일

구 분	4급상당(21호봉)	5급상당(24호봉)	6급상당(11호봉)	7급상당(9호봉)	8급상당(8호봉)	9급상당(7호봉)
1. 월정급여(1개월)	6,619,280원	5,918,530원	4,146,820원	3,595,720원	3,163,240원	2,826,760원
본봉	5,102,100원	4,891,700원	3,276,300원	2,770,200원	2,399,900원	2,081,300원
초과근무수당	-	484,830원	413,520원	373,520원	335,340원	317,460원
관리업무수당	459,180원	-	-	-	-	-
의원보조수당	218,000원	152,000원	132,000원	132,000원	113,000원	113,000원
정액급식비	140,000원	140,000원	140,000원	140,000원	140,000원	140,000원
직급보조비	400,000원	250,000원	185,000원	180,000원	175,000원	175,000원
직책수행경비	300,000원	-	-	-	-	-
2. 비월정급여(1년)	8,163,360원	7,826,720원	5,242,080원	4,432,320원	3,839,840원	3,330,080원
정근수당 (4년이상 5년미만 기준)	2,040,840원	1,956,680원	1,310,520원	1,108,080원	959,960원	832,520원
명절휴가비	6,122,520원	5,870,040원	3,991,560원	3,324,240원	2,879,880원	2,497,560원
월 평균	7,299,560원	6,570,750원	4,583,660원	3,965,080원	3,483,220원	3,104,260원
연 급여	87,594,720원	78,849,080원	55,003,920원	47,580,960원	41,798,720원	37,251,200원

출처: 국회사무처

근무 시간과 휴일은 어떻게 되나요

편 근무 시간과 휴일은 어떻게 되나요?

윤 모든 일정을 의원님께 맞춰야 하는 일이라 유동적인 면이 있어요. 예전에는 유동성이 더 심했는데 요즘은 시대도 바뀌고, 인식도 변해서 근무 시간이나 휴일 등을 지키려고 해요. 그렇지만 급작스럽게 세계적인 위기나 사고가 발생하거나, 정치적 현안이 발생해서 상임위 일정이 결정되면 질의서 등을 준비하기 위해 주말에도 업무를 봐야 하죠. 또한 국정감사나 인사청문회, 대정부질문과 같은 큰일이 있을 때면 준비해야 할 일들이 많기 때문에 대부분의 의원실이 출근해서 업무를 본답니다.

그리고 국회의원께서 주말이나 밤에라도 내가 담당하고 있는 업무 등에 대해 물어보시면 답을 해야 하고, 다급한 일정으로 행사 등이 있을 때는 행사 성격이나 일정 등을 확인해야 할 때도 있어요. 또 예상치 못하게 특별한 일이 발생할 수 있는데, 일반적으로 공적인 업무 등과 관련한 일일 경우 밤이나 휴일이나 상관없이 일정을 챙겨야 하기 때문에 개인적인 시간이 부족하다는 것이 이 일의 단점이죠.

국회의원 보좌관이라는 일이 할 일이 많은 직업이기 때문에 근무 시간이 일정하지 않고 휴일도 규칙적이지 않은 단점이 있어요. 하지만 국회는 입법할 수 있는 헌법기관이며, 행정부에 대한 견제 기능이 있기 때문에 보람을 많이 느낄 수 있는 장점에 따라오는 그림자 같은 것이라고 생각해요. 하나를 얻기 위해서는 다른 하나를 포기하거나 감내해야 하는 것이겠죠. 그래도 요즘엔 근무 시간도 무리하지 않는 선에서 조종하고 휴일도 보장하려고 노력해요.

편 휴가는 언제 가시나요?

윤 매년 1월은 좀 여유가 있는 시기여서 이때 휴가를 사용하는 경우가 많아요. 그리고 국정감사를 앞두고 여름휴가를 보장해주는 의원실이 대부분인데, 재충전이 꼭 필요하기 때문이에요. 국회에서 회의가 없는 휴회 기간에는 주말이나 휴일에는 쉴 수 있어요. 다만 업무가 많아서 일반 공무원처럼 연차와 월차 사용은 쉽지 않아요. 대신 바쁜 일 끝나고 나면 사무실별로 여건에 따라 휴식 시간을 가질 수 있고, 또 쉬고 싶다고 의사 표현을 하면 업무를 조정해서 쉴 수 있게 하죠. 주말에도 일하는 날이 있는가 하면 평일에도 쉴 수 있어요. 출퇴근 시간도 딱 정해져 있는 게 아니라 사무실에서 유연성을 갖고 조정할 수 있습니다.

보좌진이 가장 바쁜 시기는 언제인가요

편 보좌진이 가장 바쁜 시기는 언제인가요?

윤 국정감사가 있는 정기국회 기간과 총선이 가장 중요하고 바쁜 시기이죠. 정기국회에는 대정부질문, 국정감사(3주), 예산심사 등이 있는데, 국회에서는 이때를 '1년 농사를 거두는 수확철'이라고도 해요. 행정부에 대한 종합적인 감사를 국정감사라고 하는데, 수개월 동안 자료요구와 부처해명 등의 과정을 거쳐서 3주 동안 담당 부처와 공공기관 수십 개를 대상으로 감사를 하는 것이죠. 예산심사에서는 정부의 다음 연도 예산이 제대로 편성됐는지 철저하게 심사해야 하는 것이 기본인데, 여기에 지역구 국회의원들의 경우 지역개발과 발전에 필요한 예산이나 총선공약 이행을 위한 예산을 반드시 정부예산에 반영시켜야 하기 때문에 매우 치열하게 정부와 협상해야 하죠. 국민들께서 잘 싸우는 지역구 국회의원을 선택하셨다면, 지역발전을 위해 많은 예산을 확보할 수 있을 것입니다.

국회의원 총선거, 즉 총선이라고 부르는 이때는 국회의원 본인이 다시 국회의원이 되기 위해 반드시 승리해야 하기 때문에 모든 노력을 아끼지 않아요. 정당별로 차이는 있지만 먼저 각 정당에서 해당 지역구에 출마하려는 후보들과 경쟁에

◉ 경기도 정책공약수석 임용장 수여

서 이겨야 총선 후보가 될 수 있어요. 그 후 각 정당의 후보들과 경쟁해서 지역구민으로부터 선택을 받아야 하죠. 4년마다 국회의원을 뽑는 총선이 있는데, 지역주민의 선택을 받아서 당선되어야만 국회의원이 될 수 있어요.

대통령을 뽑는 선거를 대선이라고 하는데, 5년마다 있어요. 지난 2022년 3월에 대선이 있었는데, 각 정당에서는 2021년 가을에 대통령선거 후보를 선출하고 선거운동에 돌입했어요. 국회의원을 비롯해서 보좌진들은 대선캠프의 여러 분야에 파견되어 선거에 참여하거나, 지역구에서 선거운동을 주도하는 등의 방법으로 대선에 참여하죠. 대선에서 승리할 경우 국회의원이나 보좌진은 대선 승리의 기여도에 따라 대통령이 근무하는 대통령실에서 일하도록 뽑히거나 정부의 장관이나 주요기관에서 일을 할 수 있는 기회를 얻게 되죠.

우리나라는 지방자치를 시행하고 있어

요. 서울시장, 구청장, 시의원과 구의원 같은 선출직을 뽑는 지방선거를 4년마다 하게 되는데, 이를 지선이라고 불러요. 국회의원은 자기 지역구에 있는 구청장이나 구의원, 시의원 등의 후보를 선출하는 절차를 진행하고, 본선거에서 승리하기 위해 최선을 다합니다. 이때 보좌진은 지방선거 후보자들의 당선을 위해 정책이나 공약 개발, 홍보 및 선거전략 등을 지원해주고, 때로는 보좌진 중에서 구청장이나 시의원, 구의원 후보로 출마해서 당선되는 경우도 많아요.

이렇게 국회의원 보좌진으로서 본연의 임무를 수행하면서, 국정 활동 외에 각종 선거 때 보좌진도 최선을 다해서 임하게 되죠.

복지혜택은 무엇이 있을까요

🔵 **편** 보좌진은 어떤 복지혜택이 있을까요?

🔵 **윤** 보좌진은 별정직 공무원으로 분류되는데요. 보좌관이나 비서관 등 보좌업무를 수행하거나 특정한 업무 수행을 위해 법령에서 별도로 지정하는 공무원이죠. 일반직 공무원은 시험을 보고 정규직으로 임용되는 반면, 별정직 공무원은 서류와 면접으로 채용되는 임기제 공무원으로 비정규직에 가깝다고 할 수 있기 때문에 고용이 불안한 단점이 있어요. 그래서 연봉과 근로 시간, 각종 수당 등에 있어서 차이가 있어요. 따라서 경력직으로 전문성과 경험 등을 우선하여 채용하고 직급이 부여돼요.

국회 보좌진은 국회에 있는 헬스장이나 직원식당, 커피숍 등 다양한 시설을 이용할 수 있어요. 헬스장은 아침이고 점심이고 저녁이고 시간 날 때 이용할 수 있어서 좋아요. 젊은 직원들이 가장 좋아하는 시설은 어린이집이에요. 국회 안에는 세 개의 어린이집이 있어요. 아침에 출근할 때 아이를 데려다 주고 퇴근할 때 데려갈 수 있으니 좋죠. 야근이 있는 날은 밤 10시까지 이용이 가능해요. 저도 아이가 어릴 때 국회 어린이집을 애용했는데, 아이와 함께 출퇴근을 했죠. 여기 어린이들

은 국회 마당과 운동장을 놀이터 삼아 놀고 다양한 체험활동
도 안전하게 하기 때문에 직원들의 만족도가 매우 높아요. 또
총 근무연수 10년을 채우면 공무원연금 대상이 되고, 공무원
임대아파트에 입주할 수도 있어요.

이 일의 어려운 점은 무엇인가요

편 이 일의 어려운 점은 무엇인가요?

윤 보좌진은 헌법기관이면서 의사결정의 최종단계인 국회의원에게 직접 보고하고, 함께 근무하기 때문에 업무의 양이 많고, 그에 따른 압박이 큰 편이라 스트레스가 매우 많아요. 또한 국회 의정활동을 위한 법안 제안과 작성, 예산 및 결산 검토, 상임위원회와 국정감사 질의서 등 준비, 보도자료 작성 및 언론대응, SNS 소통, 다양한 민원인(지역구, 일반 국민 등)에 대한 응대 등 9명이라는 소수의 보좌진으로 다양한 업무를 처리해야 하기 때문에 장시간 근무와 업무 부하로 심리적, 육체적으로 힘들 수 있어요.

⊙ 늦은 시간까지 자료조사와 질의서 작성

사람과의 관계도 어려움이 될 수 있죠. 보좌진은 국회의원과의 관계가 중요한데, 그게 힘든 사람들이 있어요. 또 함께 일하는 보좌진들과의 관계도 중요한데, 보좌진 내에서 갈등이 생겨서 그만두는 경우도 있고, 요즘엔 민원인들 때문에 힘든 경우도 있죠. 지역구 사무실에도 찾아오지만 국회 사무실에도 찾아

와서 얼토당토않은 이야기를 하는 민원인들이 있어요. 이게 좀 괴롭힘처럼 느껴지기도 하죠.

직업의 불안정성 때문에 걱정하는 사람들도 있어요. 4년마다 치러지는 총선 결과에 따라 의원실을 옮기거나 그만둘 수 있는데, 오히려 이직이 자유로운 직업의 특성이기 때문에 잘 활용하면 승진이나 전공을 살릴 수 있는 등 다른 기회도 많을 수 있습니다.

편 정치적인 견해 차이 같은 문제도 생기나요?

윤 정치는 '이즘ism', 그러니까 이론이나 학설, 주의나 사상이 들어가 있어요. 세상을 바라보는 시각에 따라 추구하는 정치가 있죠. 이즘이 맞는 사람들이 함께 일해야 추구하는 정치를 펼칠 수가 있어요. 정치적 견해를 이즘이라고 본다면 추구하는 정치에 따라 보수정당이라고 하는 '국민의힘'이 있고, 진보정당이라고 하는 '더불어민주당'이 있는데, 두 정당은 정책이나 현안문제에 대한 분석과 해결방안이 너무나 달라요. 남북문제에 있어서 국민의힘은 북한을 적으로 규정하고 강력한 제재와 국방력으로 북한에 대응하는 정책을 펼치는데 반해, 더불어민주당은 북한과 협력하고 지원해서 적대와 긴장관계가 해소되면 남북평화에 기반한 안정적 남북관계로 발전하는 정

▶ 국회본청 로텐더홀에서 밤샘 농성 중 잠든 모습

책을 적극 추진합니다. 복지정책에 있어서도 국민의힘은 선별
적 복지, 민주당은 보편적 복지를 추구하고, 교육정책에서 국
민의힘은 학생 간·학교 간 경쟁촉진을, 민주당은 학생과 학교
간 차별 없는 지원을 추구하기 때문에 소속 정당과의 견해가
다르다면 업무를 수행하기에 많은 어려움이 있어요.

이 일을 하면서 갖게 된 습관이나 직업병이 있나요

편 이 일을 하면서 갖게 된 습관이나 직업병이 있나요?

윤 평소에 어디를 지나갈 때 그냥 지나치지 않고 '저건 왜 저러지? 저건 뭐지? 아, 저건 우리 동네에도 하면 좋겠다' 이런 생각을 많이 해요. 항상 뭔가를 보려 하고, 아이디어를 얻으려고 하죠. 그리고 국정감사에 대한 생각을 끊임없이 해요. 예를 들면 어디로 여행 갔다거나, 행사가 있어서 갔을 때도 무심히 보지 않고 문제가 되는 것들을 찾아내려고 해요. '저건 좀 잘못된 것 같은데? 왜 이렇게 되어 있지?' 이런 식으로 비판적인 시각으로 바라보죠. 모든 보좌진이 그런 것은 아닌데, 저는 좀 그런 경향이 강한 편인 것 같아요.

편 건강관리도 중요한 일일 것 같아요.

윤 사람들을 만날 일도 많고, 또 사람들과의 관계를 넓히려다 보니 밥자리, 술자리가 많아요. 점심, 저녁 가리지 않고 만나야 할 사람들을 만나죠. 기자들과 원만한 관계를 유지하기 위해서 통화도 많이 하고 밥도 같이 먹고요. 그러다 보니 술도 늘고 체중도 늘더라고요. 요즘엔 건강관리를 위해 개인 PT를 받고 있어요. 하루에 시간을 정해놓고 규칙적으로 운동할 수 있는 환경이 아니라서 시간이 날 때나, 일부러 시간을 내서 운동을 하려고 해요. 한자리에 앉아서 인터넷으로 자료를 찾고 글을 쓰는 일이 많아서 그런지 어깨도 굽고 거북목도 되는 것 같아요. 근육도 경직돼서 아픈데요, 사무직 근로자들이 겪는 아픔이 아닐까 싶네요.

편 스트레스 해소는 어떻게 하시나요?

윤 다른 직장인들과 다를 바 없는 것 같아요. 술도 마시고 노래도 부르면 스트레스가 해소된다는 사람도 있고, 운동하면서 스트레스를 날린다는 사람도 있어요. 국회의원회관 1층에는 헬스장이 있는데, 점심시간이나 퇴근 시간 이후에 많은 보좌진이 운동하는 모습을 볼 수 있어요. 다른 공간에서는 탁구대도 설치되어 있고, 검도를 하는 사람들이 아침마다 소리를 지르며 긴장을 풀기도 합니다. 국회는 다른 공공기관이나 기업과는 달리 넓은 공간에 나무와 숲도 꽤 잘 가꾸어져 있어 산책하기 좋아서 걸으면서 담소를 나누는 보좌진이 많아요. 같은 업무를 하는 사람들끼리 이야기를 나누다 보면 스트레스도 어느 정도 풀리는 것 같아요.

이직하거나 다른 분야로 진출할 수 있나요

🅟 앞에서 고용이 불안정한 직업이지만, 한편으로는 이직이 자유로운 직업이라고 하셨어요. 실제로 이직을 많이 하나요?

🅨 보좌진은 공무원이지만 별정직이기 때문에 일반 공무원과 다른 점이 많다고 했잖아요. 가장 큰 차이라고 하면 이직이 자유롭다는 걸 들 수 있어요. 6급 이하의 보좌진이나 5급이라도 1, 2년 차 보좌진은 정당을 따지지 않고 옮기는 경우도 많아요. 기본적으로 하위직급의 보좌진이 하는 일은 같으니까 어디에서 일하든 큰 영향을 받지 않는 거죠. 그런데 4급 보좌관과 5급 선임 비서관 들은 대체로 같은 정당 내에서 의원실은 옮겨도 정당을 넘나들지는 않아요. 꽤 오랫동안 보좌관 생활을 한 사람들이라 '정당성'을 갖고 있거든요. 여기서 말하는 정당성이라는 것은 '정당의 성향을 가진다'는 뜻이에요. 세상을 바라보는 시각과 해법이 특정 정당의 성향에 동의하기 때문에 당을 바꾸는 일은 거의 없어요. 진보 성향의 보좌진과 보수 성향의 보좌진이 있는 거죠. 2024년 총선에서 정의당에서 국회의원 당선자가 없었는데, 21대 7명의 국회의원실에서 일하던 보좌진들이 계속해서 일을 하고 싶다면 민주당이나 진보당으로 옮길 가능성이 높죠. 국민의힘으로 가기는 어려울 거

예요.

편 정치의 분야여서 그럴까요. 이동이 자유로운 직업이라는 것이 장점이 될 수도 있을 것 같아요.

윤 누군가에게는 보좌관 또는 보좌진이 천직처럼 생각되지만, 또 누군가에게는 다른 일을 하기 위해 거쳐 가는 직업일 수도 있어요. 청소년들에게 이 직업을 소개하자면 종착역이 아니라 중간역이라고 말해주고 싶어요. 세상을 바꾸고 싶은 마음이 있는 청소년, 특히 자신의 손으로 적극적으로 바꾸고 싶은 열정이 있는 청소년이라면 보좌진이 되어서 다양한 세상을 배우고, 세상을 바꾸는 방법을 배울 수 있을 거예요. 또 이 경험을 토대로 본인이 하고 싶은 일, 본인에게 맞는 일을 찾아갈 수도 있고요. 실제로 보좌진으로 일하면서 유명한 드라마 작가가 된 사람도 있어요. 법에 관심이 많아져서 전문적으로 배우려고 로스쿨에 진학해 법조인이 된 사람도 많이 있고요. 국회의원이라는 직업이 마음에 들어서 총선에 출마해서 국회의원이 되는 경우도 많아요. 특히 우리 당에는 보좌진 출신 국회의원이 많이 있습니다.

처음부터 보좌진을 평생의 직업으로 삼겠다고 생각하지 않아도 좋아요. 그러니 이곳에 오기 위해 뭔가를 특별히 준비할 필요는 없어요. 세상을 바꾸고 싶다는 생각이 있다면 와서 경험해 보는 거예요. 실제로 입법부의 역할을 보고 배우고, 그다음에 무엇을 할 것인가 결정해도 괜찮아요. 정치인이 되고 싶다면 국회의원이나 지방의회 의원도 될 수 있어요. 실제로 저의 직장 상사이신 조정식 의원도 보좌관 출신이고, 보좌관 출신 현역 국회의원도 여럿 있어요. 함께 의원실에서 근무했던 비서관과 비서는 도의원과 구의원이 되었고요. 여기서의 경력과 인맥, 정책역량과 경험을 바탕으로 기업에 취업하는 사람들도 많아요.

편 진출하는 분야가 다양한 것 같아요.

윤 보좌진 출신이 할 수 있는 일이 정말 많아요. 특정 상임위원회 일을 오래 하면 그 분야의 전문가로 인정받기도 합니다. 전문 분야에 따라 이익단체라고 할 수 있는 협회가 잘 형성된 분야가 있는데 의사, 간호사, 건축사 등의 협회에서 일할 기회도 있어요. 공부를 더 해서 해당 분야의 교수가 되어 학생들을 가르치기도 하죠. 또 일반 기업에 취직하는 보좌진도 많아요. 보좌진으로 5년, 7년 이상 근무하면 국회 사정도 적당히 알고, 인적 네트워크도 형성하는데, 일반 기업에서는 국회나 정부를 상대하는 대관업무를 하는 사람이 필요하거든요. 대관업무

란 말 그대로 관(官), 즉 행정기관 또는 입법, 사법기관을 상대로 하는 업무를 의미해요. 기업, 단체, 개인 등은 정부의 정책과 규제에 영향을 받기 때문에, 자신들의 이해관계를 대변하기 위해 정부기관과 소통하고 협력하는 대관업무를 수행하죠.

🔵편 의원이 된 분들도 많다고 들었어요.

🔴윤 우리 의원실에서 일하던 9급 비서관이 있었어요. 세상을 보는 시각이 좋고 문제를 해결하고자 하는 의지가 강한 여성으로, 아동복지를 전공했는데 매우 열정적으로 일을 했기 때문에 눈에 띄는 친구였죠. 그래서 한번 정치해 볼 생각이 없냐고 물었더니 자신 있게 자기가 정치를 하면 문제를 바로 고칠 수 있겠다고 답하더라고요. 그래서 그 친구를 지방의원 선출직으로 출마시켰어요. 30세에 서초구 구의원이 되었죠. 4년 동안 의정활동 잘했고, 또 다른 데 가서도 의정활동을 잘하고 있죠. 또 다른 5급 비서관 한 명도 의원님 있는 지역구에서 도의원으로 출마해서 지금은 재선 의원으로 활동하고 있고요. 그리고 목표를 갖고 열심히 활동해서 국회의원이 된 보좌관들도 많아요. 더불어민주당에는 약 20여 명의 보좌진 출신 국회의원이 있는데, 저희 의원님을 포함해서 윤후덕, 박홍근, 진성준, 전재수, 김영진, 강훈식, 강득구, 윤건영, 신영대, 김원이, 장철

민, 문정복, 허영, 김우영, 채현일, 박민규, 김영환, 안태준, 이연희 의원님이 계시죠.

편 총선과 상관없이 의원실을 옮기는 경우도 있나요?

윤 그럼요. 국회의원의 임기는 4년이지만 보좌진은 임기가 없어요. 총선 결과에 따라 4년에 한 번씩 옮기는 사람이 있는가 하면, 특정 분야에 전문성을 갖고 2~3년에 한 번씩 필요에 따라 옮길 수도 있어요. 저처럼 한 의원님과 함께 10년 넘게 근무할 수도 하고요. 옮길 때 역량이 되면 승진해서 가기도 하고, 같은 직급으로 가기도 하죠. 때로는 의원님이 다른 의원실에 보내주기도 해요. 예를 들어 국토교통위원회 일을 오랫동안 해서 그 분야에 대한 전문성을 가지고 있는데, 의원님이 국회를 떠나시거나 다른 상임위로 가신다고 했을 때 제가 그 일을 계속하고 싶다고 말씀드리면 국토위원을 소개시켜 주세요. 또는 본인이 평소 친분이 있던 국토위원을 찾아가서 전문성을 어필해서 그 일을 계속 이어 나갈 수도 있어요.

편 보좌관 개인의 역량에 따라 할 수 있는 일이 많은 것 같아요.

윤 그렇죠. 본인이 일을 많이 하고자 하면 할 수 있는 일이 정말 많아요. 일반 회사처럼 업무가 업무분장에 따라 나눠지는 것은 아니지만 개략적으로 업무 분야를 정하기는 하죠. 담당 부처나 공공기관을 나누고, 홍보나 수행 등의 영역으로 구분하기는 하는데, 다양한 일이 급하게 발생하는 경우가 많아서 비슷한 업무를 하는 사람에게 일이 맡겨지는 경우가 많아요. 맡은 일을 신속하게 잘 처리하면 같은 상황이나 업무를 지속적으로 맡게 되고요.

다른 일을 하다가 보좌진이 되는 경우도 있나요

편 다른 일을 하다가 보좌진으로 들어오는 경우도 있나요?

윤 그럼요. 이 일은 입법과 관련된 직업으로 법 해석도 잘해야 해요. 그래서 변호사 자격증을 가진 사람들도 많이 들어와요. 또 기자 출신도 있어요. 취재하듯이 추적하고 탐정처럼 사건을 해결하는 과정이 많고 기사 쓸 일도 많아서 기자로 일하다 보좌진으로 직업을 전환하는 경우죠. 어떤 분은 공공기관에서 근무하다가 함께 근무하던 분이 국회의원으로 당선되어서 그 일을 그만두고 국회에 들어온 경우도 있었어요. 노동조합에서 일하시던 분들이 환경노동위원회에서 일하기 위해 보좌진으로 자리를 옮긴 경우도 종종 있고요.

반대로 보좌진으로 일하다 다른 직업으로 자리를 옮기는 경우도 많아요. 이 일은 다른 분야로 넘어갈 수 있는 발판이 될 수 있어요. 또 다른 일을 하다 이 일을 해도 전혀 문제 될 게 없고요. 그래서 저는 이 직업을 중간역라고 표현해요. 이 일을 징검다리 삼아 다른 직종으로 넘어가는 게 가능하니까요. 이 일의 큰 장점이죠. 물론 이 일을 오랫동안 하고자 한다면 그것도 가능해요. 저도 20년 넘게 일했고, 제 선배들도 오랜 기간 일하다 퇴직한 분들도 있어요. 개인의 선택이 가능하죠.

이 직업이 잘 드러난 드라마나 영화가 있을까요

편 이 직업이 잘 드러난 드라마나 영화가 있을까요?

윤 정치를 소재로 한 드라마를 보면 정치인을 보좌하는 사람들이 항상 등장하죠. 미국 드라마 〈하우스 오브 카드〉는 미국 민주당 하원 의원이 주인공으로 그의 옆에는 항상 비서가 있어요. 그 비서가 우리 식으로 하면 보좌관이에요. JTBC에서 2019년에 방영한 〈보좌관-세상을 움직이는 사람들〉과, 2022년 SBS에서 방영된 〈트롤리〉도 있어요. 그런데 드라마 속 보좌관들은 현실의 보좌관과 많이 다르더라고요. 드라마에서는 보좌관이 누군가에게 전화를 걸어 "10억 이체하세요"라고 요구하고, 권총을 차고 다니기도 하는데, 현실에서 그런 보좌관은 없어요. 또 주인공인 보좌관이 상대 의원을 함정에 빠트려서 몰락시키는데, 그런 일도 현실에서는 일어나지 않아요. 드라마이다 보니 극적인 연출을 한 거죠. 〈보좌관〉이라는 드라마가 인기를 끌면서 당시에 보좌관이라는 직업이 사람들의 이목을 끌었던 건 사실이에요. 하지만 드라마와 현실은 아주 다르답니다.

보좌관의 미래를 어떻게 예상하세요

📝 이 직업의 미래를 어떻게 예상하세요?

🙂 국회가 없어질 일은 없기 때문에 이 직업이 없어질 수는 없을 것 같아요. 다만 분야별로 전문화된 역할을 하지 않을까 예상해요. 현재는 여러 명이 협업하는 방식으로 일을 해결하는데요. 미래에는 보좌진 각자가 한 분야를 맡아 책임지는 형태로 분화할 것 같아요. 물론 의원실마다 일하는 방식이 달라서 당분간은 지금의 문화가 지속될 것 같기는 해요. 현재는 보좌진의 팀워크가 가장 중요해요. 보좌진이 최대 9명이지만 실질적으로 의원님의 의정활동을 함께 하는 인원은 7~8명이에요. 이 인원이 대개 정부 부처 1개와 여러 개의 공공기관을 감시해요. 각 부처와 공공기관들에 소속된 인력만 수만 명인데 그들을 상대해야 하니 팀워크를 발휘하지 않으면 국회의원을 보좌하는 일을 제대로 해낼 수가 없죠. 맡겨진 일을 누군가 대신할 수 있는 게 아니어서 한 사람이 실수해서 한 가지 일을 하지 못하면 의원님의 활동에 지장이 생겨요. 그러니까 각자 맡은 일을 끝까지 책임지고 완수하는 게 팀워크의 기본이에요.

성취감이나 보람을 느낄 때는 언제인가요

편 이 일을 하시면서 성취감이나 보람을 느꼈던 때는 언제인 가요?

윤 저희 의원님이 한-우크라이나 친선협회장을 하셨을 때 일이에요. 2013년에 의원님을 모시고 우크라이나에 관심을 보이는 기업 및 공공기관과 함께 우크라이나를 방문했어요. 가기 전에 우크라이나에 필요한 산업이 무엇일지 미리 조사해서 공공기관과 대기업에 자료를 보냈더니 가스공사와 대기업 몇 곳에서 관심이 있다고 해서 함께 갔죠. 기업 입장에서는 국회의원과 대동하면 좋은 점이 많아요. 우리나라 국회의원이 그 나라 국회의원에게 '우리 쪽에서 이런 사업에 관심이 있으니 관련 부처와 미팅을 주선해 주면 좋겠다'고 부탁하면 대부분은 들어줘요. 그래서 그 나라의 장·차관들과 우리 기업의 미팅을 성사시켰죠. 3박 4일 체류하는 동안 10여 개의 미팅을 주선했어요. 우리가 할 수 있는 일은 이렇게 서로 얼굴을 익히고 친분을 만들어 주는 것까지고, 다음 단계는 기업들에서 알아서 할 일이에요.

저는 두 나라의 산업 발전을 위해 미팅을 주선하는 일이 참 재미있었어요. 당시 우크라이나는 우리와 할 수 있는 사업이

⊙ 우크라이나 대사와 면담

꽤 있었어요. 가스공사와 관련해서는 1.5조 원 규모의 LNG하역시설 사업이 있었고, 9천억 원 규모의 철도 차량을 만드는 사업도 있었죠. 가스공사의 사업도 규모가 컸지만 철도 차량을 만드는 것도 사업성이 굉장히 좋았어요. 우크라이나에서 철도 차량을 만드는 공장을 세우면 그곳을 발판으로 동유럽으로 사업을 확장할 수 있는 거니까요. 또 우크라이나는 대표적인 농업국가예요. 그곳의 곡물에 대해서 국제거래를 할 수 있게 권한을 가지고 싶다는 기업도 있었죠. 그래서 저희는 사업

관련 부처의 장·차관과 만남을 주선해서 관계를 맺어주고 돌아왔죠. 그런데 그해 여름에 우크라이나에 혁명이 일어나서 정권이 바뀌자 대부분의 사업이 없던 일이 되어버렸어요. 그래도 한 기업은 끝까지 남아서 거래를 계속했고, 최근에는 우크라이나 현지에 창고를 마련하면서 제대로 토대를 닦고 있죠. 저희도 사업을 계속할 수 있도록 도움을 주었고요. 친선협회 일로 다른 나라를 방문할 때는 의원님만 가셔서 친선활동만 하지는 않아요. 어디를 가든 이렇게 국익에 도움이 될만한 일들을 찾아내 하고 있어요.

🔘 편 기억에 남는 일이 있으세요?

🔘 윤 저희 의원님이 국토교통상임위원회 위원장으로 계셨을 때 일이에요. 좀 어려운 일을 하나 해결한 적이 있어요. 구도심을 재개발하거나 새로운 신도시를 건설하는 경우가 있잖아요. 그럴 때는 개발 면적에 따라 반드시 학교를 만들도록 법으로 정해져 있기 때문에 개발되는 부지에는 별도로 학교 용지를 떼어놔요. 학교 용지는 교육청에 무상으로 제공하는 것으로 그 땅에 대한 권한도 넘어가요. 그런데 학교 용지로 된 땅에 학교를 짓지 않고 묵혀두는 곳이 많았죠. 교육청에 학교를 지을 돈이 없거나 학생들이 없어서 학교를 지을 이유가 없었

던 것이죠. 예를 들면 LH공사에서 도시 개발을 하면서 떼어 놓은 학교 용지가 있을 거 아녜요. 그런데 교육청이 학교를 짓지 않는 거예요. 이렇게 묵혀 둔 학교 용지가 전국적으로 꽤 많이 쌓여 있었어요. 저희가 조사해 보니 전국에 2조 원 정도의 학교 용지가 있더라고요. LH공사는 이 땅이 아까우니까 학교를 안 만들 거면 자기네한테 넘기라고 교육청에 요구했어요. 그 땅을 팔면 개발 비용을 빨리 회수할 수 있으니까요. 그런데 교육청에서는 학교를 만들고 안 만들고는 교육청 소관이니까 알아서 하겠다는 거예요. 그러니까 LH공사는 경기도교육청을 상대로 무상으로 공급한 학교 용지에 대해 부당이득반환청구소송을 제기했어요. 당시 소송이 걸린 학교 용지는 4곳으로 1,508억 원 상당의 금액이었어요. 경기도교육청이 패소할 경우 그 비용을 지불해야 하는데, 교육청 재원이 부족해서 그 비용을 지불할 상황이 아니었죠. 문제는 두 기관의 소송으로 공공주택사업이 중단되고 있다는 거였죠. 결국 주택공급을 기다리고 있는 국민들이 피해를 보게 된 거예요. 그런데도 국토부와 LH공사, 교육청, 지방교육청, 이 네 기관이 대립만 할 뿐 누구도 나서서 해결하려는 의지가 없어 보였어요. 그러는 사이 1심에서 경기도교육청이 패소하고 1.7조 원을 LH공사에 반환하라는 판결이 났어요. 경기도교육청에서는 당연히 2심, 3심을

갈 거고, 최종 판결이 나기까지 몇 년이 걸릴 거예요. LH공사
는 나중에는 그 돈을 받게 되겠지만 그 사이에 발생하는 손해
도 만만치 않아요. 어느 쪽이 소송에서 이기든 양쪽이 모두 큰
손해를 감수해야 하는 상황이었죠.

그때 제가 의원님께 제안을 했죠. 관련 기관을 다 모아놓고
협의를 이끌어내자고요. 네 기관의 담당자와 국회를 대표해서

⊙ 학교용지부담금 관련 6자 협약식

는 국토교통위원장과 교육부와 교육청을 담당하는 교육위원장이 참석해 6자 회의를 열고 거기서 합의를 했어요. 그렇게 해서 열린 게 '학교 용지 확보 및 학교 설립 정상화를 위한 관계기관의 협약식'이었어요. 학교용지부담금과 관련된 건에 대해서 지방교육청이 필요 없는 학교 용지는 LH공사에 넘기고 그와 관련된 돈은 돌려주고 더 이상 소송은 하지 않기로요. 합의서에 6자가 사인하고 나서 3개월 정도 협상해서 결국 정리가 되었죠. 그 합의를 통해서 LH공사는 땅을 팔아서 부채를 정리할 수 있었고, 교육청은 소송의 부담에서 벗어나게 되었죠. 그게 2017년이었어요. 제가 이 일을 추진하는 과정에서 보람을 많이 느꼈어요. 사실 이런 일이 국회가 해야 할 역할이에요. 싸움이 극단적으로 치닫기 전에 주도적으로 해결하는 거죠.

편 국민의 편의와 이익을 위해서 서로 다른 주장을 하는 기관들을 설득해 합의하는 것 또한 정치라는 걸 알게 되었어요. 이런 사례가 더 있다면 말씀해 주세요.

윤 지난 2020년 코로나 사태 때에 전국민재난지원금이 지급되었는데요. 그 당시 민주당이 여당이었고, 조정식 의원께서는 정책위원회 의장이었습니다. 여당 정책위 의장은 정부의 주요 정책현안에 대해 협의할 수 있었고, 결정된 정책에 필요한 국

더불어민주당

코로나19 대응 추경예산 편성 당정협의

|일시: 2020. 3. 2.(월) 07:30 |장소: 국회의원회관 306호 정책위의실

더불어
민주당   △ 조정식   ▼ 홍남기   ☜ 이낙연   ☜ 이인영

⊙ 코로나 재난지원금 관련 당정협의

세상을 바꾸는 보이지 않는 손
국회의원 보좌관

회 입법이나 예산지원을 책임져야 했기 때문에 막강한 권한을 갖고 있었죠. 그래서 주요 현안에 대해서는 '당정협의'라는 과정을 통해 정부 장·차관과 우리 당의 국회의원들이 조찬회의를 하면서 의사결정을 하고, 언론에 그 결과를 발표했었죠. 뿐만 아니라 고위당정협의라는 비공식 회의를 하면서 국정현안을 챙겼죠. 2020년에는 코로나라는 비상상황이라서 거의 매일 당정협의가 있었고, 매주 고위당정협의가 있었는데, 핵심 중 하나가 전국민재난지원금 지급문제였어요. 기획재정부는 재정부족을 이유로 반대했고, 민주당은 보다 많은 국민들에게 지원금을 지급해서 위기를 극복해야 한다고 설득하고 있었죠. 보좌관으로서 저는 '재난지원금을 받지 못하는 국민들을 구분하기 위한 행정력, 국민들의 불만 등을 고려할 때 모든 국민이 지급받는 것이 낫다'는 주장을 강력하게 할 것을 의원님께 요청했습니다. 거의 한달간 정부와 논리싸움이 이어졌고, 결국 전국민재난지원금이 지급되는 것으로 결론이 났죠. 전국민이 지급받는 것이기 때문에 신속하게 집행이 되었고, 재난지원금이 큰 도움이 됐다는 언론보도 등을 보면서 다행이라는 안도감과 보람을 함께 느끼기도 했었죠.

청소년이나 청년과 관련한 법률이나 정책도 국회에서 많이 논의되고 있어요. 직접적으로 정책의 대상이 되는 것들도 있지만, 간접적이지만 매우 중요한 정책들도 있죠. 국회에서 논의되고 있는 청소년, 청년정책을 소개해볼 텐데, 여러분은 어떤 의견을 갖고 있는지, 여러분이 만약 보좌진이나 국회의원이라면 어떤 의견이며, 그 이유는 무엇인지 함께 고민해보는 시간을 가져봅시다.

나도 국회의원 보좌관

국민연금제도, 어떻게 개혁할 것인가?

우리나라에는 국민연금제도가 있는데, 소득이 지속적으로 발생하는 경제활동 시기에 국가에 연금보험료를 냈다가 경제활동을 하지 않게 되어 소득이 없을 때 국가로부터 매월 일정 금액의 연금을 지급하여 노후를 보장하는 제도입니다. 현재는 경제활동을 하는 세대와 기업이 연금을 납부하면 일부는 적립하고 일부는 연금을 지급받는 세대에게 연금 급여를 지급하는 구조로 경제활동을 하는 세대가 은퇴한 세대를 부양하는 '세대 간 연대' 구조입니다.

국민연금은 현재 소득의 약 9%를 보험료로 납부하고(기업은 별도로 약 9%를 보험금으로 납입함), 연금을 받게 될 때는 소득의 약 40% 수준을 받도록 설계되어 있습니다. 즉, 보험료는 소득의 약 20% 내외(개인+기업)를 적립하는 반면, 연금은 소득의 40% 정도를 지급받는 것입니다. 즉, 내는 돈의 두 배를 받는 구조이다 보니 연금이 고갈되어 가는 구조이고, 소득의 40%를 연금으로 받게 되니 노후보장이 충분하지 못하다는 문제점이 있습니다.

1988년 처음 국민연금제도가 도입된 이후 두 차례의 개혁을 통해 연금수급 연령은 늦추고(60세→65세), 연금지급 금액도 낮췄지만(60% →40%), 1990년 생이 국민연금을 받기 시작하는 2055년에 국민연금이 고갈된다고 예측하고 있습니다.

그래서 세 번째 연금개혁을 위한 논의가 있었지만, 세대 간 갈등과 정부불신 등으로 제대로 이뤄지지 않고 있습니다. 공감대가 형성된 점도 있는데, 시민대표단은 내는 돈(보험료율)을 현행 소득의 9%에서

13%로 올리고 받는 돈(소득대체율)은 현행 40%에서 50%로 늘리는 안에 찬성하기도 했습니다.

여러분이 국회 연금개혁특별위원회 국회의원 보좌진이라면, 어떻게 연금개혁을 하시겠습니까?

재난재해의 원인인 기후위기, 어떻게 대응할 것인가?

지구온난화, 기후변화가 원인으로 추정되는 심각한 재난재해가 전 세계적으로 다양하게 발생하면서 기후위기 대응을 더욱 강력하게 촉구하고 있습니다. 유엔 세계기상기구는 2013년부터 지난해까지 10년 동안 평균 지구 표면 온도가 산업화 이전보다 1.15도 올랐다는 보고서까지 발표했습니다. 2024년 22대 총선을 앞두고, 기후위기에 적극 대응하고 있는 그린피스의 활동가들은 국민의힘과 더불어민주당을 찾아가 '기후 편지'를 전했는데, '2030년 이후를 살아갈 청년과 아동들에게 기후위기 대응의 짐을 떠넘기지 말아 달라'고 호소하고, '미래세대에 가혹하고 불공정한 탄소예산의 재분배'도 요구하였습니다. 이에, 더불어민주당은 지난 3월 20일 발표한 기후공약에서 탄소예산 기준으로 탄소중립 정책을 추진하겠다고 밝혔습니다. 그린피스의 탄소예산이란 '지구 온도 상승을 1.5도 내로 붙잡아두기 위해 인류에게 제한된 탄소 배출 총량'을 뜻하는데, 대한민국의 탄소예산은 2023년 기준으로 45억 t에 불과합니다. 그러나 현재 정부 계획대로라면 6년 뒤인 2030년까지 전체의 90%에 달하는 41억 t을 써버리게 되고, 탄소중립에 도달해야 하는 2050년까지 약 20년 동안 단 4억 t의 탄소예산으로 버티겠다는 것으로 매우 비현실적인 계획입니다.

탄소예산을 2030년까지 대부분을 소진하게 되면, 결국 현세대와 미래세대 모두가 큰 피해를 입게 될 것입니다. 현세대도, 미래를 살아갈 청소년과 청년세대도 기후변화와 '탄소의 빚'으로 고통받을 것인데도, 탄소예산 문제를 미래로 떠넘기는 '폭탄 돌리기'만 하고 있습니다.

그에 반해 경제발전에 초점을 맞추는 사람들은 '기후변화와 탄소중립이 일자리를 줄이고, 경제성장을 둔화시키고, 발전을 저해하여 현재와 미래세대에게 피해를 줄 것'이라고 주장하기도 합니다.

기후변화로 인한 위기는 그 위험을 현재와 미래가 어떻게 분담할 것인지 공감하고 함께 노력하는 데서 출발합니다. 행정부가 현재의 문제에만 집중한다면, 결국 미래의 방향성을 결정하는 입법부인 국회와 정치가 기후위기 대응의 방향과 중심을 잡아야 할 것입니다.

여러분이 환경노동위원회 또는 기획재정위원회 국회의원 보좌진이라면, 현재 세대와 미래를 위해 일자리와 경제성장률 유지를 위한 정책, 아니면 일자리와 경제성장률을 희생하더라도 기후위기 대응을 위한 정책, 둘 중에 어느 정책을 펼치고 싶은가요? 기후위기 대응을 위해 어떤 정책이 필요하며, 그에 따라 일자리 감소와 성장률 저하에 대해 국민들과 어떻게 소통하고, 설득할 것인가요?

남과 북, 평화롭게 공존할 방법은 없는가?

과거 군사정부나 보수정권이 집권할 때마다 남북의 군사적 긴장이 높아졌는데, 윤석열정부도 남북 간 대결정책을 추진하였고 북한은 미사일 발사와 남북군사합의 파기 주장 등으로 맞대응하면서 남북 간 긴장이 다시 높아지고 있습니다. 남북 간 군사적 위기가 높아지게 되면, 군 의무입대 확대와 군비증강 등 군사력을 강화해서 전쟁을 억지하거나, 교류협력 강화를 통한 한반도 평화체제를 마련해서 남북 간 긴장을 완화하는 방법이 있습니다. 윤석열정부는 군사적 대응을 강화해서 전쟁을 억지하겠다는 것이고, 과거 문재인정부를 비롯한 민주정부는 교류협력 강화를 통한 한반도 긴장완화와 평화를 추구하였습니다.

여러분이 국방위원회 또는 외교통일위원회의 국회의원 보좌진이라면 한반도의 전쟁억지, 평화와 번영을 위해 어떤 방법을 선택하시겠습니까?

양극화와 불평등, 어떻게 줄여갈 수 있을까?

우리나라와 같은 수출주도형 경제체제에서 양극화와 불평등은 내수기반을 위축시켜 경제의 불안정성을 키우고 성장잠재력을 떨어뜨리게 됩니다. 낙수효과를 맹신하는 최근 정부의 감세정책, 특히 대기업과 자산가, 주식 및 부동산 등에 대한 감세가 집중되면서 계층 간 양극화는 더욱 심화되었고, 세수 감소와 조세지출 증가로 정부부채까지 증가하게 되었습니다. 현세대와 미래세대가 모두 행복하기 위해서는 양극화와 불평등의 격차를 줄여야만 대한민국의 미래가 있습니다.

여러분이 기획재정위원회의 국회의원 보좌진이라면 어떤 재정 및 조세정책을 펼칠 것입니까?

의료대란, 진짜 문제는 무엇이고 어떻게 해결할 수 있을까?

의대정원을 2,000명 늘리려는 정부와 이를 반대하는 의료계의 갈등이 장기화되면서 의사단체 등은 파업과 규탄집회를 열고, 전공의들은 사직서를 제출하면서 의료현장을 떠나고 있어 긴급한 치료와 의료서비스가 필요한 국민들은 응급실 '뺑뺑이'와 진료 지연으로 생명의 위협까지 받고 있는 실정입니다. 정부는 고령화 등에 따른 의료수요 증가, 필수의료진 확보와 지역 간 의료격차 해소 등을 위해 반드시 의사정원 확대가 필요하다고 하는 반면, 의료계는 의사 수 부족은 정부의 주장에 불과하고 공급과잉이 우려되기 때문에 반대하고 있습니다.

여러분이 보건복지위원회의 국회의원 보좌진이라면 중증의료 진료를 중심으로 하는 필수의료인력 확보와 비수도권 지역의 의료서비스 유지를 위해 어떤 방안을 제시하겠습니까? 의대정원을 확대하면 해결할 수 있는 문제일까요?

학생인권과 교사인권, 어떻게 보호할 것인가?

학생인권조례는 학생의 존엄과 가치 및 자유와 권리를 보장하기 위해 각 지방자치단체 또는 시도교육청들이 마련한 조례입니다. 각 지방자치단체나 시도교육청마다 약간 다르기는 하지만, 주요 내용에는 ▲학교에서 체벌은 금지된다. ▲학교는 학생에게 야간자율학습, 보충수업 등을 강제해서는 안 된다. ▲학생은 복장, 두발 등 용모에 대해서 자기의 개성을 실현할 권리를 가진다. ▲학교는 학생에게 양심에 반하는 내용의 반성문, 서약 등 진술을 강요해서는 아니 된다. 등이 있습니다.

특히 다수당인 국민의힘 주도로 2024년 4월 26일 서울특별시의회에서 서울 학생인권조례와 4월 24일 충남도의회에서도 충남 학생인권조례가 각각 폐지되고, 2024년 5월 3일에는 경기도교육청이 학생인권조례와 교권보호 조례를 동시에 폐지하고, 이를 통합하는 제3의 조례안을 기습적으로 예고하였습니다.

여러분이 국회 교육위원회 국회의원 보좌진이라면, 학생인권과 교권 모두가 보호받아야 될 소중한 인권으로 서로 충돌하는 개념이 아니며, 둘 다 적극적으로 확장되어야 될 인권으로 존중받기 위해 어떤 정책을 펼치겠습니까?

국회의원
보좌관 윤상은
스토리

🖊 어린 시절엔 어떤 아이였나요?

🔵 평범했죠. 저는 시골에서 어린 시절을 보냈는데요. 자연 환경이 좋은 곳에서 잘 뛰어놀고 즐겁게 생활했어요. 자연 속에 있으면 관찰력도 늘어요. 계절에 따라 시시각각 변하는 자연을 보고 있으면 '저건 뭘까?' 하는 궁금증도 생기고, 변화를 감지하는 감각도 생겨요. 아마 어려서 자연이 좋은 환경에서 자라서 그런가 관찰력이 그때 많이 늘지 않았나 생각해요.

그리고 어렸을 때 시골에서의 경험은 공동체적 삶의 의미를 많이 배웠던 것 같아요. 농사철이 되면 가족이나 동네 사람들이 힘을 모으고 서로 도와야만 일을 할 수 있었고, 결혼, 장례 등의 대소사를 한 가족처럼 치르면서 슬픔도 기쁨도 함께 했죠. 친구들도 같이 어울려야 놀 수 있었지 혼자서는 놀 수 없는 구조였으니까요.

🖊 청소년 시절은 어떻게 보내셨어요?

🔵 공부도 잘하는 편이어서 중학교 때는 1, 2등을 했어요. 공부를 잘하니까 수원에 있는 고등학교로 진학했죠. 중학교 다닐 때만 해도 자존감이 높았는데 고등학교 가서 완전히 무너지는 경험을 했어요. 수원 인근 시골에서 공부 좀 한다는 아이들이 다 모였더라고요. 그러니 중학교 때처럼 대충 공부해서

는 성적이 잘 안 나오는 거예요. 오기가 생겨서 정말 열심히 공부했던 기억이 나네요. 그리고 고등학교에서 '깡다구'도 생긴 것 같아요. 당시에 남학교는 선생님들이 학생들을 많이 때렸어요. 학교 환경도 힘들고 공부하는 것도 힘들었죠. 하지만 '여기서 무너지면 안 된다. 버텨야 한다'는 생각이 강했어요. 힘들다고 포기하는 건 자존심이 허락하지 않았죠. 그런 경험이 성인이 되어서 도움이 된 것도 같아요.

편 대학 전공은 어떻게 선택했나요?

윤 1991년에 낙동강 페놀 오염사건이 터졌어요. 경북 구미시에 위치한 두산전자의 관리 소홀로 이틀 동안 30톤의 페놀 원액이 낙동강 지류인 옥계천으로 흘러들었죠. 수돗물에서 악취가 난다는 대구시민들의 신고가 빗발쳐 원인을 조사한 결과, 두산전자가 몇 년 동안 페놀이 다량 함유된 악성 폐수 325톤을 옥계천에 무단 방류해 온 사실이 드러났어요. 이 사건으로 마시는 물에 대한 중요성이 부각되고 환경문제가 사회적인 이슈로 부상했어요. 결과적으로 환경 관련한 법률이 여러 개 제정되고 상수원 수질개선에 대한 대책들이 나왔죠. 그때 제가 고등학생이었는데 앞으로는 환경문제가 중요하니까 관련 직업이 전망이 좋을 거라고 주변에서 추천했어요. 그래서 환경 관련학과에 진학하게 되었죠.

　그런데 대학에 입학하고 실망을 많이 했어요. 환경공학과에서 하는 게 너무 단순한 일의 반복인 거예요. 연구실에서는 매일 같은 것을 실험하고 측정하고, 또 현장에 가서 채취하고 그것들을 학교에 와서 분석하는 일이었는데요. 저는 똑같은 것을 반복하는 게 너무 싫더라고요. 선배들 말을 들어보니 대학은 연구를 중심으로 하는 곳이라 그렇다는 거예요.

🔘 기대했던 것과 많이 달라서 고민이 많았겠어요.

🔘 제가 반복되는 지루한 일과 맞지 않는다는 걸 알았던 결정적인 일이 있었어요. 4학년 때 학과 선배의 실험을 도와주러 연구실에 가서 밤새도록 함께 한 날이었어요. 다음날 아침에 밤새 실험해 놓은 연구 결과를 뽑았는데 뭐 하나가 틀려서 다 버려야 한다는 거예요. A4 용지 몇 장에 걸쳐 나온 결과물은 평균값이 얼마라는 숫자 하나인데, 중간에 실험 하나가 잘못되어 평균값에 영향을 끼친 거죠. 밤새 했던 실험이 무용지물이 되고 결과는 폐기되는 것을 보니까 정말 실망스럽더라고요. 전공이 환경공학인데, 이런 실험만 반복해야 한다는 점이 맘에 들지 않았어요.

 편 공학 분야에 실망했다는 건가요?

 윤 환경 분야는 연구를 주로 하는 공학이 있고, 의사결정을 하는 정책분야가 있어요. 연구실에서 실험을 반복하는 공학은 저랑 안 맞는 것 같았고, 환경오염을 예방하거나 대처하는 의사결정을 하는 환경정책을 공부해 보기로 마음 먹었죠. 그래서 대학교 4학년 졸업반이 되었을 때 환경기사 자격증을 2개 정도 합격한 다음에, 본격적으로 서울대 환경대학원 입시 준비를 했어요. 그 당시 도입 초기였던 영어시험인 텝스도 낯설었지만 열심히 공부했고, 소위 말하는 대학원 시험 기출문제의 답안지도 열심히 만들었죠. 공대에서 인문계로 진로를 확 바꿔버린 거죠. 지금 생각해 보면 무모해 보이기까지 한 도전이었고, 과 선배들 중에서 어느 누구도 시도하지 않았던 것인데, 이 과정이 저한테는 인생의 터닝 포인트 중 하나였어요.

 편 이 일은 어떻게 시작하게 되셨어요?

 윤 2000년 서울대학교 환경대학원에 다닐 때였어요. 국회에서 보좌관으로 근무하고 있던 학부 선배가 여름방학 때 아르바이트를 하면 어떻겠냐고 하더라고요. 환경 관련한 외국 논문을 번역해 달라는 일이었죠. 사실 그 선배가 어떤 일을 하고 있었는지 전혀 몰랐는데, 호기심에 여름방학 동안 국회에서 인턴으로 일하게 되었죠. 그때가 국정감사를 준비할 때여서 환경노동위원회 소속이던 국회의원실에서 외국 논문을 번역하고 자료들을 정리할 사람이 필요했던 거예요. 저는 공부하는 셈 치고 그렇게 8월 한 달 일을 하고 다시 대학원에 돌아와서 논문을 쓰며 졸업을 준비했죠. 대학원을 졸업하고 나니까 그 선배가 다시 연락이 왔어요. 의원실에서 일해볼 생각이 없느냐고 제안을 하는 거예요. 사실 국회에서 한 달 일해보니까 재미있더라고요. 그래서 2002년 여름, 국회 환경노동위원회 의원실에 환경분야 공채를 통해 이 분야에 발을 디디게 되었죠.

편 이렇게 오랫동안 이 일을 하실 거라고 예상하셨어요?

윤 그렇지는 않았어요. 저는 호기심이 많은 사람이라 이 일이 재미있어 보여서 시작한 거였어요. 만약 중간에 흥미를 잃어버렸다거나 다른 일에 호기심이 생겼다면 이직했겠죠.

제 인생의 또 하나의 터닝 포인트는 대학원을 졸업하고 국회에 들어온 거였어요. 이 일은 저한테 정말 매력적이었죠. 제가 반복하는 걸 싫어하는 성격인데, 여기는 똑같은 게 없어요. 하루하루 다른 일이 있고, 한 해에도 여러 가지 일이 있어요. 상임위, 국정감사, 예산안 심사, 인사청문회 등등 한 해 동안

⊙ 보좌진협의회장 당시 방송출연

세상을 바꾸는 보이지 않는 손
국회의원 보좌관

하는 일이 다양하고, 또 같은 시기에 하는 일도 해마다 다 달라요. 선거도 치러야 하고, 상임위도 바뀌고, 만나는 사람들도 달라지고, 매일 새로운 것이 있고, 또 매일 새로운 것을 찾아야 하고요.

특히, 2016년에 민주당 보좌진협의회장을 맡아서 1,000명이 넘는 보좌진을 대표하여 보좌진 권익신장을 위해 노력했던 기억은 제게는 너무나 감사한 추억이 되었습니다.

편 정기적으로 하는 일인데도 매번 다른가요?

윤 그럼요. 해마다 국정감사를 하는데, 매번 똑같은 일을 반복하는 건 아니에요. 해마다 이슈가 달라요. 또 경험이 쌓이면 그 경험치를 바탕으로 새로운 걸 계속 적용해 볼 수 있어요. 예전에 이 부서에서는 이게 문제여서 이렇게 치고 들어갔더니 결과가 좋았던 경험이 있으니까 다른 부서를 담당할 때 그 경험을 살려서 또 좋은 결과를 내오는 거죠. 국정감사라는 것은 담당하는 부서에 무엇인가 문제가 있을 거라고 가정하고 어떤 문제일 것이라고 전제를 한 다음에 그것을 증명해가는 과정이 거든요. 논문 쓰는 것과 똑같은 원리예요. 가정했던 것이 괜찮으면 성공한 거고, 가정이 잘못되었으면 다른 관점에서 새로운 것을 찾아야 해요. 이렇게 일하는 과정을 저는 굉장히 좋아

해요.

편 이 일을 그만두고 싶은 적이 있었나요?

윤 이 일을 하고 나서 10년쯤 지났을 때 같아요. 많이 지쳤을 때였어요. 같은 상임위에서 일하던 친구들 중 일부는 박사과정을 하겠다고 학교로 가고, 어떤 선배는 청와대나 정부에서 더 큰 일도 하고, 어떤 후배는 소위 민간인이 되려고 기업으로 옮기는 것을 보면서, 저는 국회에 남아서 마른 수건을 비틀어 짜는 느낌이 들었던 것 같아요. 몸도 지치고 외부로 나가는 사람들이 부러웠던 것도 있었죠. 그리고 그 당시 모시던 의원께서도 정치적으로 좌절을 겪으면서 힘든 시기였기 때문에 저도 같이 기운이 많이 빠졌던 것 같아요. 머릿속도 텅 빈 느낌이 들어서 '내가 이 일을 더 할 수 있을까?' 싶은 생각이 들었죠. 쉬고 싶다는 마음도 컸어요. 그래서 의원님한테 좀 쉬고 싶다고 얘기를 해야겠다고 마음먹었던 참에 누가 그러더라고요. "의원님이 힘든데, 네가 옆에 있어야지, 너까지 없으면 어떻게 하냐! 그리고 넌 보좌관이 천성이야. 너한테는 이 일이 천직이니까 계속해"라고요. 그 말을 들으니까 또 "그래? 그런가?" 하면서 다시 시작했죠.

편 위기를 잘 극복하셨네요?

윤 맞아요. 그때 누가 저한테 "너 다른 거 하면 재미있을 것 같아? 재미없어. 너 여태까지 일하면서 재미있었지? 그래 이 일이 제일 재밌어"라고 하니까, 그 얘기를 듣고 저도 모르게 고개를 끄덕이며 "그래요" 하고 대답했죠. 그리고 의원님에 대한 의리도 지켜야 했기 때문에 다시 기운 차리게 된 거죠.

편 어떤 게 그렇게 재미있으세요?

윤 이 일은 과정도 재미있지만 결과를 눈으로 확인할 수 있어요. 생각하고 노력한 결과가 바로바로 보이는 거죠. 제가 막 보좌진으로 일을 시작했을 때였어요. 2002년 8월 중순이었는데 퇴근길에 지하철을 타려고 기다리고 있었어요. 날은 덥고 몸은 지쳐있는데 좀 답답하더라고요. 그래서 무심코 환풍구를 봤어요. 그런데 거기가 새까만 거예요. 지하철에는 공기를 정화하기 위한 공조기라는 시설이 있어요. 그걸 가만히 보고 있다가 '저기 청소를 안 하나?'라는 생각이 들더라고요. 그래서 서울시청에 공조기를 청소하는 규정이 있나, 청소하는데 비용은 얼마나 쓰나 등을 문의하고 관련 자료를 요구했어요. 자료를 받아놓고 이 분야를 잘 아는 분들을 섭외해서 현장 검증을 실시했어요. 좁은 공간의 내부를 볼 수 있도록 만들어진 탐지 카메라를 닥트 안으로 넣어서 봤더니 쌓인 먼지가 어마어마했어요. 그 영상을 방송사에 보냈더니 KBS 9시 뉴스에 보도되었어요. 그리고 얼마 후에 국정감사가 있었는데, 그 자리에서 공조기 청소 규정이 있는데도 왜 청소를 안 하느냐, 지하철을 이용하는 시민들의 건강을 지키려면 규정에 따라 청소해야 하고, 지하철 공기질 기준도 강화해야 한다고 지적했죠. 서울시에서는 예산이 많이 드니 순차적으로 하겠다는 답변을 했던 것으로 기억되네요. 이 문제는 제가 처음 지적한 거예요. 그전에는 누구도 그런 규정이 있는지도 몰랐고, 규정이 있음에도 지켜지지 않고 있다는 걸 발견하지 못했던 거죠.

편 요즘에도 가끔 뉴스에 지하철 안의 공기질에 관한 기사가 나오더라고요.

윤 2000년대 초반에는 공기질까지 거론하지 못했어요. 공기질에 대한 문제가 제기된 것은 비교적 최근의 일이죠. 여하튼 그때 이후로 지하철역 내 공조기를 제대로 관리하는지 환경노동위원회에서 지속적으로 관심을 가지고 감시하고 있어요. 언론도 마찬가지로 관심을 가지고 있다가 한 번씩 현장 조사를 해서 보도하고 있고요. 사실 이런 일을 하는 게 국회입니다. 행정부를 견제하고 일을 잘하는지 감시하는 역할인 거죠. 저는 이 사례를 후배들에게 자주 얘기해요. '나의 관심이 정책과 입법이 된다'고요. 국회에서 일을 하는 사람으로서 관심을 가지고 보면 그게 바로 정책이 될 수 있다고요.

편 누구나 생활 속에서 느끼는 불편함 또는 뭔가 이상하다고 느끼는 것들을 보좌진들은 지나치지 않고 문제의 해결 방안을 찾아나가는 것 같아요.

윤 그게 바로 이 직업의 장점이에요. 보통 사람들이 만약 환풍기의 먼지를 보고 문제를 인지하고 해결하려고 했다면 노력도 많이 들고 시간도 오래 걸렸을 거예요. 그런데 국회와 보좌진이 문제를 인지하면 바로 정책으로 실행되고 개선되며, 법까지 바꿀 수 있죠.

편 보좌관은 의원님의 성공과 좌절을 함께 나누는 일이라는 생각이 들어요.

윤 의원님이 정치적으로 성공하는 기쁨을 나눠 갖는 건 당연한 일이죠. 제가 모시면서 좋아하는 의원님이 잘 돼서 성공하는 걸 보는 보람도 있어요. 그리고 의원님이 실패하거나 좌절했을 때 함께 좌절하고 슬퍼하는 것도 제 일이에요. 이 일을 하면서 힘든 것 중의 하나가 그거예요. 의원님의 괴로움이 곧 저의 괴로움이거든요. 2012년에 조정식 의원님이 3선이 되고 나서 바로 전국 최고의원 선거에 나가셨어요. 그때가 대선을 앞두고 있었던 시점인데, 저는 개인적으로 반대하는 입장이었어요. 그래서 "의원님은 조직도 없고 돈도 없고 당에서 인지도도 낮은데 어떻게 하시려고 합니까?" 하고 말렸죠. 그런데 주변에서 도와주겠다고 하니까 의원님 마음이 바뀐 거예요. 그래서 갑자기 전국 최고의원 선거를 준비하게 되었죠. 제가 날짜도 기억해요. 2012년 5월 17일에 광주에 내려가서 6월 9일 킨텍스에서 전당대회 마칠 때까지 거의 한 달 가까이 전국을 돌아다녔어요. 갑자기 결정된 일이라 준비도 없이 양복 한 벌 달랑 입고 의원님과 차 타고 전국을 돌면서 낮에는 사람들 만나서 악수하며 인사하고 연설하면서 전당대회 치르고, 밤에는 다음날 연설할 연설문 고쳐서 새벽 두세시에 PC방 찾아서 원고 뽑아다 의원님 드리고, 잠깐 눈 붙였다가 6시에 일어나서 조찬모임에 참석했어요. 이런 일을 한 달 내내 했죠. 그런데 그때 조 의원님과 경쟁하던 의원님들이 조 의원님의 이력을 걸고넘어졌어요. 조 의원님이 보좌관 시절에 한나라당의 이부영 의원실에 계셨고, 2003년 열린우리당이 창당될 때 한나라당에서 열린우리당으로 옮기면서 그때 모시던 의원님을 따라오신 거죠. 경쟁하던 후보 측에서 한나라당 출신이라고 공격을 엄청 심하게 했어요. 결국 전당대회에서 떨어지셨죠. 전당대회 끝나고 킨텍스에서 의원님을 보내드리고 나서, 전쟁터에 나간 의원님을 잘못 모셔서 전쟁에 패한 느낌이 들면서 너무 억울하고, 죄송하면서도 후회되는 거예요. 끝까지 말렸어야 하는데, 아니 더 잘했어야 하는데, 이렇게 여러 가지 마음이 드니까 막 눈물이 나더라고요. 그때 되게 많이 울었어요. 의원님도 저도 상처를 많이 받았죠. 다른 정당도 아니고 같은 정당의 사람에게 당하는 공격은 더 아프더라고요.

편 요즘은 어떤 것에 관심이 있으세요?

윤 저는 요즘 심리학에 관심이 있어요. 정치는 사람들의 심리와 관련이 깊더라고요. 대중의 마음을 알면 좋겠다는 생각이에요. 정치는 언어로 하는 일이 많아요. 정당에서 성명서를 내거나 의원실에서 말이나 행동으로 의사표현을 했을 때 대중이 어떻게 해석하는지, 그들의 심리가 어떻게 움직일 것인지 예측이 되면 어떤 계획을 선택할지 결정이 되겠죠. 예를 들어 어떤 사안이 발생했을 때 강도 높게 비판하거나 상대방의 의견에 세게 반박을 하는 게 좋을지, 아니면 반대로 가볍게 넘어가는 게 좋을지 판단을 해야 해요. 리액션을 해야 하는데 어떻게 접근했을 때 대중의 마음을 사로잡을 수 있는지 고민이 있죠. 그래서 군중심리를 좀 알고 있으면 도움이 될 것 같아요. 지금은 전문적으로 공부할 틈이 안 나서 가벼운 심리학 책을 읽고 있는데, 앞으로 좀 더 깊이 파고들 생각이에요.

정당 간의 협상을 하는 것도 심리 게임이에요. 소위 말하는 '밀당'을 하죠. 상대 당이 무슨 생각을 하고 있는 것 같은데, 우리가 가장 좋은 위치를 점하기 위해서는 무엇을 해야 할지 전략을 짜는 게 중요해요. 상대방의 마음을 움직이는 일이라 심리의 영역이겠죠.

그런데 정치와 관련한 심리학은 드물더라고요. 그래도 관련 있겠다 싶은 책들을 찾아 읽으면서 전략을 세울 때 도움이 될 것 같은 내용은 밑줄도 치고 메모도 하면서 공부하고 있어요. 정치도 결국 심리를 다루는 분야이니까 저만의 장점으로 특화시키면 좋겠다고 생각해요.

편 앞으로 어떤 일을 하고 싶으세요?

윤 우리 사회의 틀을 바꾸는 일을 하고 싶어요. 한 번에 성공할 수 없을 것이고, 하나씩 풀어가야 할 과제인데, 그 시작으로 개정하고 싶은 법안이 있어요. 세금을 책정할 때는 소득이나 재산에 따라 세율을 차등 적용해요. 소득이 높고 재산이 많으면 더 많은 세금을 내고, 반대로 소득이 낮고 재산이 적으면 세금을 안 내거나 적게 내는 거죠. 재산이 많은 사람들에게 '사회적 구성원들의 참여와 노력으로 만들어진 재산이기 때문에 사회적 책임을 다하라'는 의미가 담겨 있어요. 그런데 이런 원칙이 적용되지 않는 게 있어요. 과태료와 범칙금, 벌금 등이에요. 예를 들면 신호 위반 과태료는 7만 원인데, 연봉 10억 원을 받는 사람이나 일당 12만 원을 받는 화물차 운전자나 똑같아요. 연봉이 10억 원인 사람은 교통신호 몇 개쯤 지키지 않아도 부담이 없어요. 그러니까 교통신호 몇 개쯤 어겨도 전혀 문제가 안 되는 거죠. 그런데 일당 12만 원을 받는 사람에게는 신호위반 과태료가 너무나 가혹한 거잖아요. 아니 소득과 재산에 따라서 세금이 다 차등 적용되는데 왜 그것만 일률적으로 정해져 있는 거죠? 저는 이것은 반드시 고쳐야 한다고 생각해요. 북유럽의 몇 나라는 과태료나 벌금을 재산에 따라 차등 적용해요. 소득과 재산에 따라서 과태료나 벌금을 다르게 부과하죠. 부자에게는 과태료나 벌금을 더 부과하는 거예요. 그러니까 부자들도 사회적인 룰을 지켜야겠구나 생각하고 준법행위를 하면서 사회적 책임을 다하고 있는 거예요. 이게 사회적 규칙을 지키는 가장 좋은 방법 중 하나인데 우리나라는 그렇게 안 하잖아요.

편 매우 합리적인 방안으로 보이는데 이 법률을 개정하는 게 어려운가요?

윤 이게 우리나라 헌법 체계와 사법 체계의 근간을 흔드는 거라고 해요. 그래서 누구도 하려 들지 않고, 하기가 쉽지 않은 과제인 거죠. 그렇지만 누군가는 꼭 해야 한다고 생각해요. 기회가 온다면 저는 이 일은 꼭 하고 싶어요. 그렇다고 한 번에 모든 것을 싹 뜯어고칠 수는 없어요. 신호 교통 범칙금을 소득에 따라 부과하는 과표 구간을 세분화하지는 못해도 우선 서너 구간이라도 만들어 놓으면 제 뒤를 이어 다른 사람들이 더 좋게 만들 수 있는 길이 열리겠죠. 저는 그냥 첫걸음만 떼어놓고 싶어요.

편 언론에서 다루는 정치는 부정적인 면이 많아요. 왜 그럴까요?

윤 먼저 정치인들의 부정적인 모습만 크게 부각시키는 언론에 문제가 있다고 생각해요. 물론 시청률이나 구독을 위해 자극적인 기사를 써야겠지만, 언론에서 정치인들의 갈등을 크게 다루는 뉴스를 자주 보는 국민들은 "정치인들, 싸우지 좀 마라!" 이러시거든요. 그런데 문제는 이런 보도 행태가 국민에게 정치혐오와 정치 무관심을 일으킨다는 거예요. 국민이 정치에 무관심하면 이득을 얻는 이들이 있어요. 그게 권력 집단이죠. 그들은 국민이 정치에 무관심하고 정치에 혐오를 느낄수록 자신들이 권력을 독점할 수 있다는 걸 알아요. 아무도 관심을 갖지 않으니까 권력을 독점한 집단에게는 좋은 거예요. 그래서 국민이 참여하는 정치 환경을 만들어야 해요. 어느 계층 또는 세대가 되었든, 어느 직업군이 되었든 그 사람들이 누려야 할 권리를 지켜줘야 해요. 최선을 다해서 말이죠.

 정치혐오 때문에 오해받는 정책이 생기겠어요.

 지금 민주당에서는 예술인들에게 최저임금을 보장해서 돈 걱정 좀 덜하고 자유롭게 창작 활동에 전념할 수 있게 하자는 안을 냈어요. 예를 들어 한 달에 최저 100만 원씩이든 얼마든 보장하자는 거죠. 그러면 한편에서는 왜 예술인들에게 그런 특혜를 줘야 하냐고 비판하는 사람들이 있어요. 그런데 잘 생각해 보면 예술인들이 창작활동을 통해 내온 결과물이 사람들에게 기쁨을 주고 위안을 주고 마음의 여유를 주잖아요. 예술인들이 사회에 기여하고 있는 면이 많아요. 하지만 창작 활동에 전념할 수 없도록 만드는 게 돈이에요. 그래서 돈 걱정 좀 덜하면서 창작 활동을 지원하려는 거죠. 이 안이 현실화 되려면 예술인들이 관심을 가지고 민주당을 지지하고 나서서 도

⊙ 2018년 예결위 심사 중 여·야·대통령실이 협상하는 모습

와줘야 해요. 본인들의 복지와 직접 관련이 있는 거니까요. 그런데 이걸 자꾸 퍼주기라고 언론에서 비난하니까 예술인들이 나서지를 못하는 거예요. 퍼주기가 나쁜 건데, 그걸 받는 사람들은 뭐가 되겠어요? 나쁜 사람들이 되는 거잖아요. 그러니까 본인들의 일인데도 그런 욕을 먹기 싫어서 침묵하는 거예요. 무관심으로 돌아서는 거죠. 그게 정치혐오로 이어지고요. 이런 무관심과 혐오가 좋은 정책을 펼치지 못하게 가로막는 장벽인데, 사람들이 그걸 모르더라고요.

🔲 무엇을 위해서 어떻게 싸우는 게 잘 싸우는 것일까요?

🔲 앞에서도 말했지만 정치는 자신의 지지자들을 위해 잘 싸워서 이겨야 해요. 물론 정치인 개인의 이득을 위해서 싸워서는 안 되죠. 그러면 정치인은 누구를 위해서, 무엇을 위해서 싸울까요? 정치인이 대신해서 싸워줘야 할 사람들은 그들을 대변해 줄 거라 믿고 뽑아준 국민과 지지자들이에요. 적게는 지역구 주민들을 대변하지만 크게는 우리나라 국민을 대변하는 거죠. 그래서 그들의 사회적 이익을 위해 싸우고, 사회 복지 혜택이 고루 돌아가도록 싸우고, 사회적인 부를 창출할 수 있도록 싸우는 거예요. 국내 정치에서 '싸움'은 나쁜 의미로 쓰이는데, 국외 정치, 즉 외교의 장에서 싸움은 긍정적인 의미로 쓰여

요. 유엔에 파견된 우리나라 대표들이 잘 싸워서 국익을 지키는 건 너무 당연한 일이에요. 반대로 싸움은 나쁜 거니까 싸우지 않고 상대방이 주장하는 대로 다 수용하면 어떻게 되겠어요? 국내 정치에서는 정치인들 싸움 좀 그만해라 하지만 외교에서는 잘 좀 싸워라 하잖아요. 모순이죠. 국내 정치도 잘 싸워야 하는 게 맞아요. 그게 정치인의 역할이고 능력이죠.

편　정치와 삶이 관련이 없다고 생각하는 청소년들이 많은 것 같아요. 이런 청소년들에게 하고 싶은 이야기가 있다면 들려주세요.

윤　정치는 청소년의 미래예요. 본인들의 미래와 관련된 거니까 당연히 관심을 가져야 해요. 2019년 12월에 공직선거법 개정안이 통과되어 선거권 연령이 만 19세에서 만 18세로 하향 조정되었어요. 민주당에서 낸 개정안인데요. 당시에 고등학교를 정치 세력화한다, 아이들을 정치에 물들게 한다고 일부 언론과 정치인들이 엄청 반대했어요. 그런데 사회적으로 만 18세 이상을 성인으로 보는데 왜 선거권은 만 19세 이상이어야 하죠? 이상하지 않나요? 단지 고등학교 학생이라는 이유로 나이가 되었는데도 성인의 권리를 행사하지 못하도록 묶어놓은 거잖아요. 성인이 되었으면 의무와 권리를 다 가져야 하는 게 합리적인 거예요. 사실 이런 권한은 당사자들이 쟁취해야 해요. 그리고 주어진 권한을 최대한 쓰면서 관심을 가져야 하고요. 그런데 지금 20대 청년들이 정치에 관심이 없어요. 이건 본인들의 미래를 위해서도 사회 전체를 위해서도 바람직한 현상은 아니에요. 본인들의 현재와 미래가 달려 있는 일이기 때문에 정치에 관심을 가지고 참여하면 좋겠어요.

편 인터뷰하는 내내 국민의 한 사람으로서 정치에 좀 무관심했던 저의 태도를 반성하게 되었어요. 정치는 곧 나와 우리를 위해 현재와 미래를 바꿔나가는 것인데, 오해한 부분도 있고 잘 몰랐던 부분도 있었던 것 같아요. 이 책을 읽는 청소년들도 미래의 주인으로서 정치에 관심을 가지는 한편, 이 직업에 대한 관심도 가지기를 바라며 『세상을 바꾸는 보이지 않는 손 국회의원 보좌관』 편을 마치겠습니다.

청소년들의 진로와 직업 탐색을 위한
잡프러포즈 시리즈 04

세상을 바꾸는 보이지 않는 손
국회의원
보 좌 관

2024년 9월 13일 초판1쇄

지은이 | 윤상은
펴낸이 | 김민영
펴낸곳 | 토크쇼

편집인 | 박성은
표지디자인 | 이든디자인
본문디자인 | 문지현
마케팅 | 신성종
홍보 | 이예지

출판등록 | 2016년 7월 21일 제 2019-000113호
주소 | 서울시 마포구 월드컵북로98, 2층 202호
전화 | 070-4200-0327
팩스 | 070-7966-9327
전자우편 | myys327@gmail.com
ISBN | 979-11-92842-33-2(43190)
정가 | 15,000원